AMADO

FRANCIS CHAN

CON MERCY GORDON

SIERRA ALTA
EDITORIAL

AMADO
Publicado por Editorial Sierra Alta,
un sello de David C Cook
4050 Lee Vance Drive
Colorado Springs, CO 80918 EE. UU.

Un ministerio de Cook Media Global

Integrity Music Limited, una división de David C Cook
Brighton, East Sussex BN1 2RE, Inglaterra

El autor ha añadido cursiva y negrita a las citas de las Escrituras para enfatizarlas.

El número de control de la Biblioteca del Congreso se encuentra registrado
ISBN 978-0-8307-9331-0
eISBN 978-0-8307-9343-3

Diseño de la portada: Will Cotterall
Fotografía: James Wong
Ilustraciones: Eliana Chan
Imagen de portada: «Cristo y San Juan», de Ary Scheffer (1795-1858)

Impreso en Estados Unidos de América
Primera edición 2026

1 2 3 4 5 6 7 8 9 10

050526

A todos los que han orado para que yo experimentara un avance en recibir el amor de Dios, gracias. Realmente creo que Dios escuchó y respondió, y este libro es un testimonio de ello.

CONTENIDO

Introducción 6

Capítulo 1: Inseguridad 18
Capítulo 2: Revelación 42
Capítulo 3: Identidad 66
Capítulo 4: Vida 90
Capítulo 5: Desbordamiento 116
Capítulo 6: Perseverancia 142

INTRODUCCIÓN

En el cielo, Dios está sentado en un trono, resplandeciente con una gloria mucho mayor que cualquier cosa que hayas visto jamás. El estruendoso sonido de millones de ángeles adorándolo es como nada que hayas oído antes. Si pudiera acercarme ahora mismo a nuestro santo Dios y preguntarle qué siente por ti, ¿qué crees que diría?

Responde sinceramente.

Tu respuesta revela mucho sobre lo que crees acerca de Dios y de ti mismo.

Afecta todo lo importante.

«Volviéndose Pedro, vio que les seguía el discípulo a quien amaba Jesús...» (Juan 21:20).

Cinco veces en su Evangelio, Juan se refiere a sí mismo como el discípulo al que Jesús amaba. A lo largo de la historia, Juan ha sido recordado como el discípulo amado.

Si este fuera tu último día en la tierra, ¿cómo te recordarían?

¿Cómo te gustaría que te recordaran?

Una vez más, tu respuesta a estas preguntas te dirá mucho sobre ti mismo, así que respóndelas con sinceridad. Durante la mayor parte de mi vida, quise ser conocido por mi integridad, mi amor sacrificial o mi poderosa enseñanza. Admiraba las historias de Elías invocando fuego, Pedro caminando sobre el agua y Pablo sufriendo enormemente para difundir el evangelio.

No podía identificarme de la misma manera con Juan. La idea de ser simplemente identificado como el amado de Dios nunca se me pasó por la cabeza. Consideraba que mi propósito en la vida era ser útil, no amado. Pero, con el tiempo, he aprendido que se puede vivir una vida aparentemente útil que carece de aquello para lo que fuiste creado: el disfrute de Dios. Lo sirves, pero no disfrutas de Él. Lo peor es que no estás seguro de si Él disfruta de ti.

Hace poco, me di cuenta de que la palabra «amado» transmite la idea de una pasividad absoluta por parte del receptor del amor. No me sale bien ser pasivo. A muchos de nosotros nos cuesta muchísimo recibir, pero eso tiene que cambiar. Somos hijos amados de Dios, y Él quiere que seamos capaces de simplemente *ser* amados. Sin esforzarnos, solo creyendo, disfrutando y descansando en

Su amor perfecto. Como Juan, que descansaba su cabeza sobre el pecho de Jesús (Juan 13:23-25).

El problema que enfrentamos

¿Cuándo fue la última vez que te sentaste en silencio, sin hacer nada productivo, y simplemente disfrutaste de la presencia de Dios? ¿Cuándo fue la última vez que creíste de verdad, en lo más profundo de tu ser, que Dios te sonreía, no porque hubieras hecho algo impresionante, sino simplemente porque le perteneces?

Mi amigo estaba con su esposa en el Amazonas, contemplando una zona virgen de la selva tropical. Era salvaje, exuberante y rebosante de belleza: orquídeas, plátanos, cacao. Mientras miraban el árbol de cacao, él comentó: «Imagina la cantidad de granos de cacao que ese árbol ha producido a lo largo de las décadas, solo para que caigan al suelo». Su esposa tuvo una reacción diferente que no tenía nada que ver con la producción y la cosecha: «Creo que Dios simplemente debe disfrutar de la belleza de Su creación; ver cómo florecen y se marchitan las flores, ver cómo maduran y luego caen los frutos. Él creó todo, y basta con que disfrute de ello».

En el caso de muchos, nuestras mentes están obsesionadas con la producción. Esto se traslada a nuestra relación con

Dios. Intentamos lograr todo lo posible para complacerlo. Lo que comenzó como una alegría empieza a sentirse como una carga u obligación. Servimos hasta quedar exhaustos, con la esperanza de que Dios note nuestros esfuerzos. Luchamos contra las dudas sobre nuestra salvación y nos preguntamos constantemente si estaremos haciendo lo suficiente. Es difícil imaginar a un Dios que disfruta de vernos, como un padre que se mete a hurtadillas en la habitación de su hija pequeña solo para verla dormir.

Lo sé porque me ha pasado.

Cuando cumplí cincuenta años, reuní a mi familia y amigos para que oraran por mí. Recientemente, había leído 1 Juan 4:18b: «El que teme, no ha sido perfeccionado en el amor». Sabía que eso me describía, pero no quería creerlo. Me avergonzaba admitir que solo estaba seguro en un 90% de mi salvación.

¿Está bien que un pastor le diga a su iglesia que todavía teme el rechazo de Dios?

¿No tendría eso un efecto perjudicial en la fe de ellos?

Fundé una iglesia y la vi crecer hasta alcanzar miles de congregantes. Escribí libros que leyeron millones de personas. Fundé una escuela bíblica, establecí iglesias, prediqué a multitudes, pero seguía luchando contra la inseguridad. Probablemente, la inseguridad motivaba la mayoría de mis acciones. Quizás se debía a que mi padre nunca me había querido, o tal vez a mis días en la universidad bíblica, donde me enseñaron a evaluarme constantemente a mí mismo y a los demás. Sea cual sea el origen, tenía que acabar. No quería vivir un día más sin el amor perfecto que echa fuera todo temor.

Por la gracia de Dios, Él me llevó al punto en el que deseé la libertad más que la reputación. Quería perfeccionarme en el amor más que ser admirado. Decidí ser sincero conmigo mismo y con mis seres queridos.

La buena noticia es que Dios escuchó mis oraciones y las de mis amigos. Me abrió los ojos a las mentiras que había creído y sigue enseñándome cómo disfrutar de Él cada día. En resumen, me rescató y quiere hacer lo mismo por ti. Creo que por eso tienes este libro en tus manos.

Tengo una convicción y una creencia que Dios me dio para este libro, que es simple pero que cambia la vida: permanecer en el amor de Dios nos libera de toda inseguridad y nos lleva a una vida de obediencia gozosa y adoradora.

Lee eso otra vez.

Solía pensar que Dios me creó para impactar al mundo. Ahora creo que Dios me creó para tener a otra persona a quien colmar de Su gracia. No creó a Adán y Eva porque necesitara jardineros. Él abunda en amor, por lo cual creó seres para recibirlo.

No se trata de esforzarse más. Se trata de creer más profundamente. No se trata de hacer más por Dios, sino de recibir más de Él. Se trata de pasar de una religión basada en el rendimiento a una relación basada en el amor.

Cuando leas el pasaje que aparece a continuación, espero que puedas ver el corazón de un Padre amoroso.

> Y nosotros hemos conocido y creído el amor que Dios tiene para con nosotros. Dios es amor; y el que permanece en amor, permanece en Dios, y Dios en él. En esto se ha perfeccionado el amor en nosotros, para que tengamos confianza en el día del juicio; pues como él es, así somos nosotros en este mundo. En el amor no hay temor, sino que el perfecto amor echa fuera el temor; porque el temor lleva en sí castigo. De donde el que teme, no ha sido perfeccionado en el

amor. Nosotros le amamos a él, porque
él nos amó primero. (1 Jn. 4:16-19)

¿Captaste eso? «Nosotros le amamos a él, porque él nos amó primero». No «amamos para ganarnos su amor» ni «amamos con la esperanza de que algún día Él nos corresponda». Su amor es lo primero. Es la base, no la recompensa.

La invitación

Este libro es para aquellos cuya experiencia cristiana se siente más contractual que romántica. Para aquellos que en el fondo creen que Dios está decepcionado con ellos. Para aquellos que sirven por obligación más que por desbordamiento.

Es para aquellos a quienes les cuesta creer que un Dios santo los ama profundamente. Es mucho más fácil para ti declarar tu amor por Jesús que presumir de Su amor por ti. Luchas contra el pecado y sirves con sacrificio, pero lo que te impulsa es la inseguridad en lugar del desbordamiento del amor.

Mi oración es que el amor de Dios no se desperdicie en nosotros. Que Él no esté de brazos abiertos mientras servimos frenéticamente con incredulidad. Que podamos romper las mentiras del enemigo y simplemente recibir. Simplemente ser amados.

En los próximos capítulos, quiero acompañarte mientras redescubrimos lo que significa ser amados por Dios, no como un concepto teológico, sino como una realidad cotidiana que transforma todo lo relacionado con nuestra forma de vivir. Quiero ayudarte a ver que el mayor deseo de Dios no es tu servicio o tu sacrificio, sino tu corazón. Él quiere que sepas, sin lugar a dudas, que eres amado profunda, completa y eternamente.

Y desde ese lugar de seguridad, de ser amados, fluirá el tipo de obediencia que no te agota, sino que te estimula. El tipo de servicio que no te gasta, sino que te deleita. El tipo de sacrificio que se siente menos como un deber y más como un privilegio.

Ese es el cristianismo que estamos destinados a vivir. Esa es la libertad que Cristo murió para darnos.

Experimenta el amor, amado.

1.

CAPÍTULO 1

INSEGURIDAD

No todo el que me dice: Señor, Señor, entrará en el reino de los cielos, sino el que hace la voluntad de mi Padre que está en los cielos. Muchos me dirán en aquel día: Señor, Señor, ¿no profetizamos en tu nombre, y en tu nombre echamos fuera demonios, y en tu nombre hicimos muchos milagros? Y entonces les declararé: Nunca os conocí; apartaos de mí, hacedores de maldad. (Mat. 7:21-23)

Lo peor que le puede pasar a un ser humano es oír a Dios decir «apartaos de mí». Cuando lees esas palabras de Jesús, ¿alguna vez has tenido el más mínimo temor de ser uno de los «muchos» que serán rechazados? Después de todo, esto es aterrador. ¡Es eterno! Pasajes como este nos motivan a algunos a actuar. Intentamos pecar menos, dar más, orar más, servir más. Queremos demostrarle a Dios y a nosotros mismos que somos uno de los verdaderos discípulos. Sin embargo, cuanto más nos esforzamos, más difícil de alcanzar se vuelve esa seguridad.

El problema de la duda

Una amiga mía descubrió recientemente un tumor en la glándula tiroides y le dijeron que era necesario hacer una biopsia. «Pero no se preocupe», le dijo el médico. «Solo hay un diez por ciento de posibilidades de que sea cáncer». ¿No es interesante que, aunque haya un noventa por ciento de posibilidades de que no sea cáncer, ese diez por ciento nos haga sentir incómodos hasta que la biopsia dé un resultado completamente negativo?

Déjame preguntarte algo en forma directa: si murieras hoy, ¿estás seguro de que irías al cielo? ¿Qué tan seguro?

> ¿Un setenta por ciento?
> ¿Un ochenta por ciento?
> ¿Tal vez un noventa por ciento?

¿Y eso es suficiente para ti? No estamos hablando de los resultados de un examen médico. Estamos hablando de la diferencia entre experimentar eternamente la ira de Dios por nuestros pecados o experimentar para siempre la paz, la alegría, el amor y el placer perfectos. Estoy dispuesto a apostar que la mayoría de los que leen este libro, si son brutalmente sinceros, tienen dudas sobre su salvación.

Nunca han expresado esa preocupación porque ese tipo de duda es inaceptable en los círculos cristianos.

En varios eventos en los que hablé recientemente, pedí a las personas que levantaran la mano si a veces dudaban de su salvación. Me rompió el corazón ver cómo se levantaban una mano tras otra. Como padre, no puedo imaginar lo horrible que sería si mis hijos solo estuvieran seguros al ochenta por ciento de que los amo. ¿Cuánto más debe afligir a Dios ver a Sus amados hijos inseguros en su relación con Él?

Mi propio camino con la duda

No siempre fui inseguro. Cuando era estudiante de secundaria, estaba seguro de lo que Cristo había hecho por mí. Estaba emocionado por ser cristiano y confiado en mi futuro con Jesús. No analizaba mi fe hasta el cansancio; simplemente la disfrutaba.

La inseguridad realmente comenzó a arraigarse en mí durante mis días en la universidad bíblica. En mis clases de teología, me presentaron el concepto de la salvación por el señorío. En resumen, es la verdad de que una persona no puede tener a Jesús como su Salvador sin tenerlo como

Señor. Es una verdad importante en un mundo donde la gente quiere un salvador, pero no un rey.

En una sociedad que se rebela contra toda forma de autoridad, los cristianos claman por un Salvador al que no tengamos que seguir. Pero las Escrituras no pueden ser más claras: Él es el Señor. De hecho, la salvación se basa en que lo declaremos como Señor (Rom. 10:9-10). Como dice una vieja canción: «¡Él es el Señor, Él es el Señor! ¡Ha resucitado de entre los muertos y es el Señor! Toda rodilla se doblará, toda lengua confesará que Jesucristo es el Señor».

No tiene sentido pensar que Jesús puede ser solo Salvador y no Señor. Es tan ridículo como decir: «Quiero que Francis sea mi amigo, pero quiero que deje de ser chino». Jesucristo es el Rey del universo. Él es el Creador y el Juez. Es el Señor. No disminuye quién es para entrar en una relación contigo. Él es el mismo ayer, hoy y siempre.

El problema no estaba en la doctrina del señorío, sino en cómo se manifestaba en muchas de nuestras vidas. Nuestra universidad nos pedía constantemente que nos examináramos a nosotros mismos para ver si Jesús era verdaderamente el Señor de nuestras vidas. Una vez más, esto no es necesariamente malo. Después de todo, Pablo dice a los corintios: «Examinaos a vosotros mismos si estáis en la fe; probaos a vosotros mismos. ¿O no os conocéis a vosotros mismos, que Jesucristo está en vosotros, a menos que estéis reprobados?» (2 Cor. 13:5).

Recuerdo específicamente haber tenido una discusión con algunos de mis amigos en nuestra residencia. Estábamos cuestionando nuestra devoción a Dios cuando una de las chicas dijo: «¿Podemos saber realmente si hemos hecho de Jesús el Señor de nuestras vidas? ¿No les parece que es algo que no sabremos con certeza hasta que muramos?». Varios asentimos con la cabeza. Después de todo, Dios es el único que puede juzgar si lo hemos tratado como Señor o no. Ahora miro atrás y pienso: ¡qué conclusión tan horrible! Así que ahora pasamos el resto de nuestras vidas preguntándonos si hemos entregado todo, convirtiéndolo así en Señor. Dado que nuestra salvación depende de esto, en realidad estamos dudando de nuestra salvación. Es típico de Satanás robarle a un grupo de estudiantes de la universidad bíblica su alegría en la gracia de Dios atormentándolos con la inseguridad.

¡Pasamos tanto tiempo cuestionando nuestro amor por Cristo que rara vez nos tomamos el tiempo para contemplar Su amor por nosotros! ¡Sin embargo, ese es el fundamento de nuestra fe! Nuestro amor es un amor de respuesta. Amamos porque Él nos amó primero. Es el gozo del amor de Cristo lo que nos lleva a amarlo a cambio. Es Su amor lo que nos hace desear Su señorío.

El don gratuito del señorío

¿Puede Jesús ser mi Salvador sin ser mi Señor? Que la gente se haga esta pregunta muestra el verdadero problema. Consideramos que Su autoridad es algo malo. Nos encanta la idea de que Jesús pagara el precio por nuestros pecados, pero nos aterra la idea de que controle nuestras vidas.

¡Se supone que el señorío de Jesús es un regalo! Él está dispuesto a ser tu Rey. Eres bienvenido en Su reino, donde Él gobierna. A lo largo de la historia, los creyentes han visto Sus mandamientos como una bendición que nos lleva a la vida.

> Porque ¿qué nación grande hay que tenga dioses tan cercanos a ellos como lo está Jehová nuestro Dios en todo cuanto le pedimos? Y ¿qué nación grande hay que tenga estatutos y juicios justos como es toda esta ley que yo pongo hoy delante de vosotros? (Deut. 4:7-8)

Moisés recordó al pueblo lo bendecidos que eran por tener a Dios cerca de ellos, dándoles Sus maravillosas reglas. Lee el Salmo 119 alguna vez. ¿Te parece que esto es propio de alguien que tiene pánico de la idea del señorío y las reglas de Dios?

> Haz bien a tu siervo; que viva,
> Y guarde tu palabra.
> Abre mis ojos, y miraré
> Las maravillas de tu ley.
> Forastero soy yo en la tierra;
> No encubras de mí tus mandamientos.
> Quebrantada está mi alma de desear
> Tus juicios en todo tiempo. (Sal. 119:17-20)

Todos hemos cedido ante el pecado. Hemos probado su placer y hemos luchado con el disfrute temporal y el arrepentimiento duradero. La falta de satisfacción duradera puede haberte llevado a perseguir mayores placeres y perversiones más profundas que, en última instancia, terminan en la muerte (ver Sant. 1:14-15). Espero que hayas aceptado la realidad de que no puedes encontrar un placer satisfactorio por ti mismo. Jesús se ofrece a salvarte de la futilidad, así como del castigo por tu desobediencia. Ofrece un modo de vida que conduce a la vida eterna e inagotable.

> Me mostrarás la senda de la vida;
> En tu presencia hay plenitud de gozo;
> Delicias a tu diestra para siempre.
> (Sal. 16:11)

Estabas en un camino inútil que termina en la muerte. Él te ofrece llevarte por un camino diferente que conduce a la vida. Te dará las instrucciones y el poder para seguirlo. ¡Está dispuesto a hacerlo todo gratis! Lejos de ser una carga, ¡Su señorío está destinado a ser un regalo! Él se ofrece a habitar en ti y guiarte a la «plenitud de gozo» y a las «delicias para siempre». El señorío no estaba destinado a ser una meta por la cual luchar incansablemente para convertirlo en Señor. Es un regalo gratuito por el cual el Señor entra en ti y, misteriosamente, te lleva a la vida haciéndote amar Sus caminos.

> ¿Qué, pues, diremos? ¿Perseveraremos en el pecado para que la gracia abunde? En ninguna manera. Porque los que hemos muerto al pecado, ¿cómo viviremos aún en él? (Rom. 6:1-2)

> ¿Qué, pues? ¿Pecaremos, porque no estamos bajo la ley, sino bajo la gracia? En ninguna manera. (v. 15)

> ... y libertados del pecado, vinisteis a ser siervos de la justicia. (v. 18)

Otras raíces de la inseguridad

Aunque mi lucha personal con la inseguridad se debía en gran medida a esta tensión doctrinal, hay muchas razones por las que la inseguridad está tan extendida entre los creyentes. Como he tenido la oportunidad de predicar y ejercer mi ministerio en lugares de todo el mundo, estas son algunas de las raíces más comunes de la duda sobre el amor de Dios por nosotros con las que me he encontrado.

Experiencias pasadas

Incluso si crees que Dios te ama como un padre, ese concepto puede resultarte completamente ajeno si no creciste en la seguridad de un hogar lleno de amor.

Mientras crecía, prácticamente no tuve relación con mi padre. Mi madre murió al darme a luz, por lo que mi padre intentó darme en adopción. Mi tía intervino y me enviaron a Hong Kong a vivir con mi abuela hasta que ella ya no pudo cuidar de mí. Cuando tenía cinco años, mi padre se vio obligado a recibirme una vez más. No me quería y nunca me hablaba, excepto para criticarme o castigarme.

Sí recuerdo un momento de afecto cuando tenía ocho años: me rodeó con el brazo durante unos treinta segundos mientras íbamos al funeral de mi madrastra. Aparte de eso, el único contacto físico que experimenté fueron las palizas que recibía cuando le desobedecía o lo molestaba.

Nuestras relaciones terrenales afectan nuestra visión de Dios. Cuando miro atrás, a mi infancia, puedo ver cómo mi educación contribuyó a décadas de lucha por comprender el amor de Dios. Sin embargo, cuando reflexiono sobre mi vida ahora, me siento abrumado por la gracia de Dios. Aunque nunca recibí el amor de un padre, Él me permitió saborearlo desde el otro lado. Como padre, pude experimentar el amor de un padre al brindarlo.

Lisa y yo tenemos siete hijos y cinco nietos, y todos nos queremos muchísimo. Recuerdo que en nuestro aniversario hace unos años, Lisa me miró y me dijo: «¿Crees que hay alguien más feliz que nosotros?». Sinceramente, no podíamos imaginar que hubiera una pareja más feliz. Nuestras vidas son tan plenas y ricas. Amamos a Dios y experimentamos Su amor cada año más, y ahora podemos ver cómo nuestros hijos y nietos se enamoran de Él. Es realmente mucho más de lo que podría haber pedido o imaginado.

Digo todo esto porque sé que muchos de los que leen esto tienen un bagaje del pasado que obstaculiza su relación con Dios. Pero también sé y he experimentado que Él es un Redentor, un Sanador y un Restaurador de nuestras vidas rotas. Tu historia será diferente a la mía, pero tu restauración será igual de completa. Él conoce cada uno de nuestros dolores y nos trae sanidad de manera única.

El pecado continuo

A veces, no sentimos la alegría de la salvación debido a una lucha continua con el pecado. No nos sentimos cómodos apoyando nuestra cabeza en el pecho de nuestro Juez. Eso no siempre es algo malo. Hay momentos en los que deberías sentirte profundamente perturbado. Esto es un regalo de Dios. El enemigo querría que pensaras que este sentimiento de inquietud se debe a que Dios no te ama, cuando en realidad es todo lo contrario.

> y habéis ya olvidado la exhortación que como a hijos se os dirige, diciendo:
>
> Hijo mío, no menosprecies la disciplina del Señor,Ni desmayes cuando eres reprendido por él;Porque el Señor al que ama, disciplina,Y azota a todo el que recibe por hijo.

> Si soportáis la disciplina, Dios os trata como a hijos; porque ¿qué hijo es aquel a quien el padre no disciplina? Pero si se os deja sin disciplina, de la cual todos han sido participantes, entonces sois bastardos, y no hijos. Por otra parte, tuvimos a nuestros padres terrenales que nos disciplinaban, y los venerábamos. ¿Por qué no obedeceremos mucho mejor al Padre de los espíritus, y viviremos? Y aquellos, ciertamente por pocos días nos disciplinaban como a ellos les parecía, pero este para lo que nos es provechoso, para que participemos de su santidad. Es verdad que ninguna disciplina al presente parece ser causa de gozo, sino de tristeza; pero después da fruto apacible de justicia a los que en ella han sido ejercitados. (Heb. 12:5-11)

Si te sientes mal porque estás en pecado, ¡alaba a Dios! Lejos de ser una señal de que ya no te ama, es una prueba de que lo hace. En lugar de ponerte a la defensiva o sentirte derrotado, reconoce que Dios te está corrigiendo con amor porque quiere que compartas Su santidad.

He pasado por temporadas en mi vida en las que me sentía alejado de Dios, solo para darme cuenta de que Él no se había movido, sino yo. Mi pecado era lo que creaba la separación, no Su falta de amor. Y esa convicción era en realidad Su bondad que me atraía de vuelta.

El cinismo

Hay algunas personas que siempre tienden a gravitar hacia lo negativo. Quizás sea una especie de mecanismo de defensa. Si siempre esperas lo peor, no te sorprenderá ni te dolerá cuando suceda. O tal vez el pesimismo es lo que te inculcaron tus padres u otras figuras de autoridad que luchaban con la amargura.

Las personas cínicas tienden a obsesionarse con las injusticias que se les han hecho y permiten que la desconfianza y el escepticismo resultantes tiñan su visión de la vida. Cuando oyes que Dios es rico en misericordia, abundante en amor y fidelidad, suena demasiado bueno para ser verdad. Sin embargo, debemos tener cuidado. Hay un punto en el que nuestro cinismo se vuelve ofensivo para Dios: cuando nos hace dudar de Sus promesas.

> Y el Dios de esperanza os llene de todo
> gozo y paz en el creer, para que abundéis

> en esperanza por el poder del Espíritu Santo. (Rom. 15:13)

Haz una pausa ahora mismo y pídele al Espíritu Santo que te convierta en una persona de esperanza. No puedes ser cínico y *«[abundar] en esperanza»*. No puedes estar lleno *«de todo gozo y paz»* si sigues reviviendo en tu mente las ofensas o heridas del pasado. No puedes estar lleno de cinismo y del Espíritu Santo al mismo tiempo. Tienes que elegir. El todopoderoso Espíritu Santo anhela sanarte de la incredulidad y llenarte de paz perfecta. No tenemos que suplicarle que nos cambie. Solo tenemos que rendirnos a los cambios que Él quiere hacer. Ora para que Él comience esa obra ahora mismo.

Dios quiere que estés seguro

Sea cual sea la razón, hay una gran noticia para aquellos que luchan con la duda.

> Y nosotros hemos conocido y creído el amor que Dios tiene para con nosotros. Dios es amor; y el que permanece en amor, permanece en Dios, y Dios en él. En esto se ha perfeccionado el amor en nosotros, para que tengamos confianza en el día del juicio; pues como él es, así

> somos nosotros en este mundo. En el amor no hay temor, sino que el perfecto amor echa fuera el temor; porque el temor lleva en sí castigo. De donde el que teme, no ha sido perfeccionado en el amor. (1 Jn. 4:16-18)

Celebra mientras lees estos tres versículos. Me embarga la gratitud cuando pienso que este es el corazón de Dios para mí. No te limites a leerlo y analizarlo. Intenta imaginarlo. Imagínate a ti mismo permaneciendo perfectamente en Dios, en amor perfecto, con confianza perfecta. El juicio se acerca, pero el temor es lo último en tu mente. Permaneces en el amor perfecto de Dios.

Imagínate como un niño pequeño acurrucado en los brazos de un padre perfectamente amoroso, completamente protegido de cualquier posible daño. Este es el deseo de Dios para ti.

Miedo bueno, miedo malo

Al pensar en el amor perfecto que echa fuera todo temor, es importante reconocer que la Biblia también nos manda temer a Dios y habla del temor de Dios como una bendición:

> A Jehová tu Dios temerás, y a él sólo servirás, y por su nombre jurarás. (Deut. 6:13)

> El temor de Jehová es el principio de la sabiduría, y el conocimiento del Santísimo es la inteligencia. (Prov. 9:10)

> La comunión íntima de Jehová es con los que le temen, y a ellos hará conocer su pacto. (Sal. 25:14)

> Porque como la altura de los cielos sobre la tierra, engrandeció su misericordia sobre los que le temen. (Sal. 103:11)

Entonces, ¿cómo es un temor saludable de Dios? Quiero tener cuidado de no definir las cosas en exceso, porque creo que hay cierto misterio en torno a este tema. Pero sí quiero señalar dos conceptos erróneos comunes que llevan a muchos por mal camino.

El primero es confundir el temor de Dios con el temor a la condenación. Esto da lugar a una inseguridad subyacente que le quita la alegría y la libertad a la vida cristiana.

Toma tu Biblia ahora mismo y lee Mateo 10:28-31. Medita en ello ante el Señor. Pídele al Espíritu que te muestre cómo debes «temerle» y «no temer» al mismo tiempo.

El segundo es desechar el temor de Dios junto con el temor a la condenación. Esto es lo que puede suceder cuando nos basamos en nuestra propia lógica para definir quién es Dios. Si Dios es amor, entonces no puede ser aterrador, ¿verdad? Si Dios es rico en misericordia, seguramente no existe tal cosa como un infierno eterno.

Esto da lugar a una comprensión superficial del amor de Dios y puede conducir a un sentido de derecho a la gracia de Dios en lugar de a una humilde gratitud y asombro. Escucha la advertencia de Pablo a los gentiles con respecto a creerse con derechos:

> ...No te ensoberbezcas, sino teme. Porque si Dios no perdonó a las ramas naturales, a ti tampoco te perdonará. Mira, pues, la bondad y la severidad de Dios; la severidad ciertamente para con los que cayeron, pero la bondad para contigo, si permaneces en esa bondad; pues de otra manera tú también serás cortado. (Rom. 11:20b-22)

Este versículo, y muchos de los que hablan del temor de Dios, pueden parecer duros. Si Dios realmente desea intimidad con nosotros, ¿por qué querría que le temiéramos? En Jeremías 32, Dios explica por qué:

> Y me serán por pueblo, y yo seré a ellos por Dios. Y les daré un corazón, y un camino, para que me teman perpetuamente, para que tengan bien ellos, y sus hijos después de ellos. Y haré con ellos pacto eterno, que no me volveré atrás de hacerles bien, y pondré mi temor en el corazón de ellos, para que no se aparten de mí. Y me alegraré con ellos haciéndoles bien, y los plantaré en esta tierra en verdad, de todo mi corazón y de toda mi alma. (Jer. 32:38-41)

El temor de Dios nos permite continuar en la bondad de Dios, que es Su deseo para cada persona que ha creado. Nos protege del orgullo y el pecado que acechan a la puerta, listos para separarnos de Dios. Por lo tanto, el temor de Dios no contradice Su amor. Más bien, es el refugio desde el cual podemos disfrutar libremente del amor de Dios.

> En el temor de Jehová está la fuerte confianza; y esperanza tendrán sus hijos. El temor de Jehová es manantial de vida para apartarse de los lazos de la muerte. (Prov. 14:26-27)

No puedo evitar temer a Dios. Conocerlo es temerle. Incluso los demonios tiemblan. ¿Es posible que un ser humano conozca la gloria de Dios sin temerle? Incluso el justo Job y Juan, el discípulo amado, se aterrorizaron cuando lo «vieron» (ver Job 42:5; Mat. 17:6). El temor no es algo en lo que tengamos que esforzarnos. Es el resultado natural de creer en la naturaleza de Dios. Si estoy surfeando y veo la aleta de un gran tiburón blanco, no necesito esforzarme por sentir temor. O si estoy haciendo senderismo y me encuentro con un puma, no hago ningún esfuerzo por temerle.

La visión de un Ser tan poderoso provoca un miedo instantáneo, ¡pero saber que Él nos ama con un amor eterno debería convertirnos en las personas más intrépidas de la tierra!

> ¿Qué, pues, diremos a esto? Si Dios es por nosotros, ¿quién contra nosotros?

El que no escatimó ni a su propio Hijo, sino que lo entregó por todos nosotros, ¿cómo no nos dará también con él todas las cosas? ¿Quién acusará a los escogidos de Dios? Dios es el que justifica. ¿Quién es el que condenará? Cristo es el que murió; más aun, el que también resucitó, el que además está a la diestra de Dios, el que también intercede por nosotros. ¿Quién nos separará del amor de Cristo? ¿Tribulación, o angustia, o persecución, o hambre, o desnudez, o peligro, o espada? Como está escrito:

Por causa de ti somos muertos todo el tiempo; somos contados como ovejas de matadero.

Antes, en todas estas cosas somos más que vencedores por medio de aquel que nos amó. Por lo cual estoy seguro de que ni la muerte, ni la vida, ni ángeles, ni principados, ni potestades, ni lo presente, ni lo por venir, ni lo alto, ni lo profundo, ni ninguna otra cosa creada

> nos podrá separar del amor de Dios,
> que es en Cristo Jesús Señor nuestro.
> (Rom. 8:31-39)

Hay un peligro en escribir una oración al final de un capítulo. La mayoría de los lectores la verán como algo bonito y ligeramente creativo. Eso es lo último que quiero. No la trates como el lazo de un paquete. Es más bien como el enchufe de tu tostadora. Acércate con entusiasmo al trono de la gracia ahora mismo y haz esta sencilla oración:

> «Dios, guíame hacia el amor perfecto que elimina todo temor al juicio. Guíame hacia el temor piadoso que me lleva a una amistad más profunda contigo».

II.

CAPÍTULO 2

REVELACIÓN

Muchos son ajenos a la batalla espiritual que se libra a nuestro alrededor. 1 Pedro 5:8 dice: «Sed sobrios, y velad; porque vuestro adversario el diablo, como león rugiente, anda alrededor buscando a quien devorar». Imagina que levantas la vista de este libro y ves a un león rodeándote lentamente, preparándose para atacar. ¿Qué harías? ¿Correrías? ¿Gritarías? ¿Orarías? Sea cual sea tu reacción, dudo mucho que fuera retomar este libro y seguir leyendo como si nada hubiera pasado. Sin embargo, esa es precisamente la actitud despreocupada que podemos tener hacia Satanás y las fuerzas demoníacas.

Durante gran parte de mi vida, no pensé ni hablé mucho sobre el reino demoníaco porque no quería ser una de «esas personas» que ven demonios en todo. Pero la Biblia es muy clara en cuanto a que las fuerzas del mal existen y que su objetivo es robar, matar y destruir nuestra fe.

> Porque no tenemos lucha contra sangre y carne, sino contra principados, contra potestades, contra los gobernadores de

> las tinieblas de este siglo, contra huestes espirituales de maldad en las regiones celestes. (Ef. 6:12)

Creo que uno de los mayores planes del enemigo es mantenernos inseguros. Piénsalo: si alguien se siente totalmente seguro en el amor perfecto de un Dios todopoderoso, se vuelve intrépido. Las opiniones de los demás no le influyen. El día del juicio final no lo asusta. Pero cuando el enemigo consigue el más mínimo atisbo de duda con respecto a esas verdades, lo utiliza para paralizarnos, a menudo con efectos devastadores. Esto no es solo lo que Satanás hace, es su esencia.

Ladrón, acusador, engañador, asesino

Ladrón

> *El ladrón no viene sino para hurtar y matar y destruir; yo he venido para que tengan vida, y para que la tengan en abundancia. (Juan 10:10)*

Satanás roba la alegría. Si no eres feliz en Jesús, Satanás está ganando, porque el cristianismo sin alegría es un cristianismo sin poder. Incluso los demonios *creen* en Dios, por lo que Satanás sabe que no tiene por qué atacar tu creencia en la existencia de Dios. Solo tiene que dañar tu relación con Él. Ahí es donde reside el poder y la belleza de la vida cristiana.

Satanás intentará que pienses en cualquier cosa que no sea la gracia de Dios. Te mantendrá obsesionado con tus circunstancias o tu sufrimiento. Te seducirá con distracciones y tentaciones. Te dirá que no tienes tiempo para contemplar la belleza de Dios. Tienes demasiadas cosas que hacer y problemas que resolver.

Acusador

Entonces oí una gran voz en el cielo, que decía: Ahora ha venido la salvación, el poder, y el reino de nuestro Dios, y la autoridad de su Cristo; porque ha sido lanzado fuera el acusador de nuestros hermanos, el que los acusaba delante de nuestro Dios día y noche. (Apoc. 12:10)

Satanás acumula culpa y vergüenza. Te hace pensar que sigues estando sucio en lugar de haber sido limpiado de toda injusticia. Te hace pensar en la fealdad de tu pasado en lugar de en tu belleza presente y tu gloria futura.

Engañador

... Él ha sido homicida desde el principio, y no ha permanecido en la verdad, porque no hay verdad en él. Cuando habla mentira, de suyo habla; porque es mentiroso, y padre de mentira. (Juan 8:44)

Satanás hará todo lo posible por mantener nuestros corazones y mentes alejados de la verdad que nos hace libres. A menudo, es algo más sutil que una contradicción abierta. Distorsiona el amor y la gracia de Dios. Te hace cuestionar si has hecho lo suficiente para merecer la gracia divina o si has pecado demasiado para alcanzarla. Durante la tentación de Jesús en Lucas 4, Satanás incluso intentó usar las Escrituras para engañar a Jesús.

> Y le llevó a Jerusalén, y le puso sobre el pináculo del templo, y le dijo: Si eres Hijo de Dios, échate de aquí abajo; porque escrito está:
>
> A sus ángeles mandará acerca de ti, que te guarden;
>
> y,
>
> En las manos te sostendrán,
> Para que no tropieces con tu pie en piedra.
>
> Respondiendo Jesús, le dijo: Dicho está: No tentarás al Señor tu Dios. (Luc. 4:9-12)

El enemigo quiere que creas (consciente o inconscientemente) que tu inseguridad es bíblica. Aislará pasajes en tu mente como *«Sed, pues, vosotros perfectos, como vuestro Padre que está en los cielos es perfecto» (Mat. 5:48) de pasajes como «Porque por gracia sois salvos por medio de la fe; y esto no de vosotros, pues es don de Dios; no por obras, para que nadie se gloríe» (Ef. 2:8-9), para mantenerte fijado en ti mismo y en tu pecado en lugar de en la obra salvadora de Cristo. Quiere difuminar la línea entre la salvación y la santificación para que, cada vez que cometas un error, caigas en una espiral de dudas en lugar de correr al trono de la gracia..*

Asesino

No como Caín, que era del maligno y mató a su hermano. ¿Y por qué causa le mató? Porque sus obras eran malas, y las de su hermano justas. (1 Jn. 3:12)

Abel no le hizo nada a Caín, y sin embargo Caín lo asesinó. ¿Por qué? Porque era «del maligno», y el maligno detesta que los hijos de Dios tengan una relación perfecta con Él. He sentido los ataques más fuertes en décadas mientras escribía este libro. El enemigo quiere asesinar mi alegría infantil antes de que se extienda a otros. Así como Satanás utilizó al hermano de Abel para asesinarlo, ¡utilizará a cualquiera para intentar acabar con nuestra alegría y seguridad!

Las armas de nuestra milicia

Nuestro enemigo es muy real, y creo que es más activo de lo que cualquiera de nosotros realmente cree. Tenemos que empezar a reconocer que nuestras dudas e inseguridades no son aleatorias, sino demoníacas. Y tenemos que tomar las armas que se nos han dado para librar esta batalla espiritual.

> Pues aunque andamos en la carne, no militamos según la carne; porque las armas de nuestra milicia no son carnales, sino poderosas en Dios para la destrucción de fortalezas, derribando argumentos y toda altivez que se levanta contra el conocimiento de Dios, y llevando cautivo todo pensamiento a la obediencia a Cristo. (2 Cor. 10:3-5)

La Palabra

Una de nuestras mayores armas en esta lucha es la Palabra de Dios. Por eso es tan importante conocer la Biblia. Necesitamos conocer todo el consejo de Dios y desarrollar nuestro poder de discernimiento para no ser arrastrados y sacudidos por los engaños de Satanás, por sutiles que sean. Pero no solo necesitamos conocer la Palabra de manera exhaustiva, sino que también necesitamos conocerla íntimamente. Aquí es donde la meditación es tan útil e importante. Si bien hay temporadas en las que me concentro en cubrir toda la amplitud de las Escrituras, hay otras en las que me concentro en un solo pasaje o versículo durante días.

¿Cuál es el mandamiento más importante?

Hay 31 102 versículos en la Biblia. No tenemos tiempo para meditar sobre cada uno de ellos. ¿Cuáles elegirías? Todos los predicadores se refieren de manera desproporcionada a ciertos pasajes, y todas las denominaciones enfatizan ciertos temas y versículos. Esto tiene un impacto enorme en quienes los escuchan. ¿Quién decidió que debíamos memorizar Juan 3:16 en lugar de Juan 3:36? Mi punto es que hay muchos factores que nos llevan a centrarnos en ciertas partes de las Escrituras. Aunque Isaías 66:2 nos enseña a «temblar» ante Sus palabras, me di cuenta de mi tendencia es a temblar ante Sus mandamientos pero no ante Sus promesas. Pasé muchos años corrigiendo en exceso a quienes predicaban sobre Su gracia, misericordia y amor. Fui testigo de tanta apatía, inmoralidad y una visión general baja de Dios en la iglesia. Me propuse como misión aportar equilibrio a la cultura de la iglesia. Predicaba sobre Su santidad, ira, juicio y odio al pecado.

En mi mente, la gente estaba eludiendo estos temas, así que yo los enfatizaba. ¿Estaba mal hacerlo? Quizás. Supongo que al final lo descubriremos.

Lo que sí sé es que es una forma de herejía predicar ciertos atributos de Dios y descuidar otros. También sé que rara vez, o nunca, medité en los siguientes versículos en mi propio perjuicio. Quizás tú seas de los que meditan en estos versículos y descuidan otros. Este libro fue escrito principalmente para aquellos que tienden a centrarse en sus propios fracasos en lugar de en Su misericordia, gracia y amor. Por favor, tómate las siguientes páginas más en serio que cualquier otra parte de este libro. Medita y disfruta de verdad. Dedica diez minutos a regocijarte con cada versículo. Deja a un lado tu prisa y tu necesidad de cumplir una tarea. Tu Rey dice que solo una cosa es necesaria. Siéntate a Sus pies. Contempla Su belleza. Disfruta de Él.

MEDITA

Siéntate a Sus pies. Contempla Su belleza. Disfruta de Él.

No te inclinarás a ellas, ni las honrarás; porque yo soy Jehová tu Dios, fuerte, celoso, que visito la maldad de los padres sobre los hijos hasta la tercera y cuarta generación de los que me aborrecen, y hago misericordia a millares, a los que me aman y guardan mis mandamientos.
~ Éxodo 20:5-6

Con amor eterno te he amado; por tanto, te prolongué mi misericordia.
~ Jeremías 31:3b

Mas tú, Señor,
Dios misericordioso y clemente,
Lento para la ira,
y grande en misericordia y verdad.
~ Salmo 86:15

Ten piedad de mí, oh Dios,
conforme a tu misericordia;
Conforme a la multitud de tus piedades
borra mis rebeliones.
~ Salmo 51:1

Porque los montes se moverán, y los collados temblarán, pero no se apartará de ti mi misericordia, ni el pacto de mi paz se quebrantará, dijo Jehová, el que tiene misericordia de ti.
~ Isaías 54:10

En el amor no hay temor, sino que el perfecto amor echa fuera el temor; porque el temor lleva en sí castigo. De donde el que teme, no ha sido perfeccionado en el amor.
~ 1 Juan 4:18

Porque como la altura de los cielos sobre la tierra,
Engrandeció su misericordia sobre los que le temen.
Cuanto está lejos el oriente del occidente,
Hizo alejar de nosotros nuestras rebeliones.
Como el padre se compadece de los hijos,
Se compadece Jehová

de los que le temen.

~ Salmo 103:11-13

Mas la misericordia de Jehová
es desde la eternidad y hasta la eternidad
sobre los que le temen,
Y su justicia
sobre los hijos de los hijos;
Sobre los que guardan su pacto,
Y los que se acuerdan
de sus mandamientos para ponerlos por obra.

~ Salmo 103:17-18

... Al que nos amó, y nos lavó de nuestros pecados con su sangre.

~ Apocalipsis 1:5b

No quisieron oír, ni se acordaron de tus maravillas que habías hecho con ellos; antes endurecieron su cerviz, y en su rebelión pensaron poner caudillo para volverse a su servidumbre. Pero tú eres Dios que perdonas, clemente y piadoso, tardo para la ira, y grande en misericordia, porque no los abandonaste.

~ Nehemías 9:17

Con Cristo estoy juntamente crucificado, y ya no vivo yo, mas vive Cristo en mí; y lo que ahora vivo en la carne, lo vivo en la fe del Hijo de Dios, el cual me amó y se entregó a sí mismo por mí.

~ Gálatas 2:20

Porque de tal manera amó Dios al mundo, que ha dado a su Hijo unigénito, para que todo aquel que en él cree, no se pierda, mas tenga vida eterna.

~ Juan 3:16

Conoce, pues, que Jehová tu Dios es Dios, Dios fiel, que guarda el pacto y la misericordia a los que le aman y guardan sus mandamientos, hasta mil generaciones.

~ Deuteronomio 7:9

Y el Señor encamine vuestros corazones al amor de Dios, y a la paciencia de Cristo.

~ 2 Tesalonicenses 3:5

Mas Dios muestra su amor para con nosotros, en que siendo aún pecadores, Cristo murió por nosotros.

~ Romanos 5:8

Mirad cuál amor nos ha dado el Padre, para que seamos llamados hijos de Dios; por esto el mundo no nos conoce, porque no le conoció a él.

~ 1 Juan 3:1

Jehová está en medio de ti, poderoso, él salvará; se gozará sobre ti con alegría, callará de amor, se regocijará sobre ti con cánticos.

~ Sofonías 3:17

Vestíos, pues, como escogidos de Dios, santos y amados, de entrañable misericordia, de benignidad, de humildad, de mansedumbre, de paciencia; soportándoos unos a otros, y perdonándoos unos a otros si alguno tuviere queja contra otro. De la manera que Cristo os perdonó, así también hacedlo vosotros. Y sobre todas estas cosas vestíos de amor, que es el vínculo perfecto.

~ Colosenses 3:12-14

Nadie tiene mayor amor que este, que uno ponga su vida por sus amigos.

~ Juan 15:13

Pero Dios, que es rico en misericordia, por su gran amor con que nos amó, aun estando nosotros muertos en pecados, nos dio vida juntamente con Cristo (por gracia sois salvos).

~ Efesios 2:4-5

En esto se mostró el amor de Dios para con nosotros, en que Dios envió a su Hijo unigénito al mundo, para que vivamos por él. En esto consiste el amor: no en que nosotros hayamos amado a Dios, sino en que él nos amó a nosotros, y envió a su Hijo en propiciación por nuestros pecados. Amados, si Dios nos ha amado así, debemos también nosotros amarnos unos a otros.

~ 1 Juan 4:9-11

Por eso pues, ahora, dice Jehová, convertíos a mí con todo vuestro corazón, con ayuno y lloro y lamento. Rasgad vuestro corazón, y no vuestros vestidos, y convertíos a Jehová vuestro Dios; porque misericordioso es y clemente, tardo para la ira y grande en misericordia, y que se duele del castigo.

~ Joel 2:12-13

Antes, en todas estas cosas somos más que vencedores por medio de aquel que nos amó. Por lo cual estoy seguro de que ni la muerte, ni la vida, ni ángeles, ni principados, ni potestades, ni lo presente, ni lo por venir, ni lo alto, ni lo profundo, ni ninguna otra cosa creada nos podrá separar del amor de Dios, que es en Cristo Jesús Señor nuestro.
~ Romanos 8:37-39

Esto recapacitaré en mi corazón, por lo tanto esperaré. Por la misericordia de Jehová no hemos sido consumidos, porque nunca decayeron sus misericordias. Nuevas son cada mañana; grande es tu fidelidad. Mi porción es Jehová, dijo mi alma; por tanto, en él esperaré. Bueno es Jehová a los que en él esperan, al alma que le busca. Bueno es esperar en silencio la salvación de Jehová.
~ Lamentaciones 3:21-26

Las misericordias de Jehová
cantaré perpetuamente;
De generación en generación
haré notoria tu fidelidad
con mi boca.
Porque dije: Para siempre
será edificada misericordia;
En los cielos mismos
afirmarás tu verdad.
~ Salmo 89:1-2

Conservaos en el amor de Dios, esperando la misericordia de nuestro Señor Jesucristo para vida eterna.
~ Judas 21

Oración

La otra arma en la que quiero centrarme es la oración. Hace unos años, hice una sencilla oración que ahora repito con regularidad: «Señor, muéstrame dónde estoy engañado». Todos podemos mirar atrás en nuestra vida y recordar ocasiones en las que nos engañaron. Creímos algo que ahora sabemos que es mentira. Como se suele decir, a la distancia, la visión siempre es perfecta. Pero, ¿estás engañado en este momento? La respuesta correcta es: «No lo sé». Cualquiera que responda: «No, actualmente no estoy engañado» no entiende el significado de la palabra.

Como he estado haciendo esa oración con regularidad, Dios sigue exponiendo mis puntos ciegos. Me encanta. Cada corrección ha hecho mi vida más feliz y tranquila. Sinceramente, esperaba que el proceso fuera más duro y doloroso, pero incluso esa expectativa revela algo sobre mí. En ese momento, no tenía ni idea de que Dios me iba a mostrar que no disfruto de Él tanto como Él quiere.

Aunque Dios ha obrado poderosamente a través de mis oraciones personales, necesito que mis amigos también ayunen y oren por mí. Sin duda, eso marca la diferencia. El enemigo siempre está susurrando o gritando mentiras en mi oído. Puedo decir con sinceridad que quiero disfrutar del amor de Dios más que nada, pero el enemigo sigue intentando arrastrarme a la duda. Por eso, cuando la gente me pregunta cómo puede orar por mí, suelo responder con esta oración de Efesios 3:

> Por esta causa doblo mis rodillas ante el Padre de nuestro Señor Jesucristo, de quien toma nombre toda familia en los cielos y en la tierra, para que os dé, conforme a las riquezas de su gloria, el ser fortalecidos con poder en el hombre interior por su Espíritu; para que habite Cristo por la fe en vuestros corazones, a fin de que, arraigados y cimentados en amor, seáis plenamente capaces de comprender con todos los santos cuál sea la anchura, la longitud, la profundidad y la altura, y de conocer el amor de Cristo, que excede a todo conocimiento, para que seáis llenos de toda la plenitud de Dios.
>
> Y a Aquel que es poderoso para hacer todas las cosas mucho más abundantemente de lo que pedimos o entendemos, según el poder que actúa en nosotros, a él sea gloria en la iglesia en Cristo Jesús por todas las edades, por los siglos de los siglos. Amén. (vv. 14-21)

Comparto esto porque creo que muchos de nosotros dudamos en ser sinceros acerca de nuestras luchas por temor a que eso signifique que no conocemos verdaderamente a Jesús o que otras personas lo perciban así. Pero esto también es demoníaco. Las Escrituras nos dicen:

> Confesaos vuestras ofensas unos a otros, y orad unos por otros, para que seáis sanados. La oración eficaz del justo puede mucho. Elías era hombre sujeto a pasiones semejantes a las nuestras, y oró fervientemente para que no lloviese, y no llovió sobre la tierra por tres años y seis meses. (Sant. 5:16-17)

> Pero si andamos en luz, como él está en luz, tenemos comunión unos con otros, y la sangre de Jesucristo su Hijo nos limpia de todo pecado. Si decimos que no tenemos pecado, nos engañamos a nosotros mismos, y la verdad no está en nosotros. Si confesamos nuestros pecados, él es fiel y justo para perdonar nuestros pecados, y limpiarnos de toda maldad. (1 Jn. 1:7-9)

Nuestras oraciones por los demás son poderosas y eficaces. Nuestra confesión abre la puerta a la sanidad. Si te encuentras con un obstáculo al tratar de creer que Dios realmente te ama con tanta pasión y constancia como promete en todos esos versículos en los que acabas de meditar, te animo encarecidamente a que lo compartas con los creyentes de tu vida y les pidas que oren por ti.

Sobrenatural

En última instancia, la inseguridad que nos paraliza a tantos no es algo que se vaya a resolver leyendo un libro. Es un problema espiritual que requiere una solución sobrenatural. Hay un misterio en ello. Por eso Pablo escribe que «el amor de Dios ha sido derramado en nuestros corazones por el Espíritu Santo que nos fue dado» (Rom. 5:5b).

A menudo, especialmente en Occidente, nos centramos principalmente en el intelecto. Y es bueno estudiar y conocer la verdad. Pero la realidad es que muchos de nosotros sabemos todas las respuestas correctas sobre el amor de Dios, pero nos cuesta experimentarlo en nuestros corazones. Tengo un querido amigo que fue al seminario conmigo. Hace poco, me contó lo miserable que se sintió durante los quince años que siguieron a nuestra experiencia en el seminario. Pensaba que llegaría un momento en el que produciría suficientes frutos para descansar en Cristo, pero cuanto más se esforzaba, más imposible le parecía.

Cuando finalmente comprendió que Romanos 5:5 es una verdad subjetiva (más que una verdad objetiva, algo que se suponía que debía experimentar), comenzó a orar una y otra vez para que el Espíritu Santo derramara el amor de Dios directamente en su corazón. ¡Oró así durante cinco años! Entonces, sucedió. Él relata cómo estaba haciendo ejercicio en un gimnasio cuando el Espíritu le reveló el amor del Padre. Lo describe como «el cielo en la tierra». Pasó las siguientes cinco horas llorando por el amor de Dios. Hoy, si lo conoces, sabes que estás con una persona que disfruta profundamente del amor de Dios. La comprensión espiritual no es solo el resultado del esfuerzo. Necesitamos que el Espíritu Santo derrame el amor de Dios directamente en nuestros corazones y silencie la voz del acusador.

¿Cuánto deseas experimentar esto? ¿Tienes una desesperación en tu interior que arde como el fuego? Todo tu ser grita: «¡Necesito esto! ¡Lo quiero más que nada! Si solo pudiera tener una cosa, ¡debo conocer el amor de Dios!». He conocido a demasiadas personas que hicieron una oración rápida y concluyeron: «A mí no me pasó». Esto demuestra que no comprenden el valor de este tesoro. Mi amigo oró desesperadamente durante cinco años antes de que todo el legalismo arraigado finalmente se rompiera y el amor de Dios inundara su alma. No digo que siempre se tarde tanto, pero esto dice mucho de su diligencia y su deseo. Cuando pasas más tiempo orando por una novia, un marido, un hijo, una sanidad o cualquier otra cosa que por conocer el amor de Cristo, eso revela algo. Subestimas el tesoro que supone conocer el amor de Cristo.

III.

CAPÍTULO 3

IDENTIDAD

Y hubo una voz de los cielos, que decía: Este es mi Hijo amado, en quien tengo complacencia. (Mat. 3:17)

Esta es la declaración que Dios hace en el bautismo de Jesús y nuevamente durante la transfiguración. Podría haber dicho: «Este es mi Hijo todopoderoso» o «Este es mi Hijo perfecto», pero no lo hizo. ¡Lo único que el Padre quería que todos supieran era que Jesús era Su amado! Si Dios te presentara al mundo, ¿usaría la misma frase? Juan diría que sí.

Solía pensar que era extraño que Juan se llamara a sí mismo el discípulo que Jesús amaba. Sería como si uno de mis hijos dijera: «Soy el hijo amado». Suena inapropiado, ¡por no decir arrogante! Pero la verdad es que la afirmación de Juan es perfectamente apropiada. Juan comprendía la profundidad del amor de Dios por él... ¡sabía que podía asumir la identidad de amado junto con *el mismo Jesús*! Y de repente, todo lo demás parecía completamente insignificante en comparación. Esta es la respuesta lógica a una verdad tan radical. Somos nosotros los extraños que queremos que nos conozcan por cualquier otra cosa.

Todavía recuerdo cuando entré en una nueva escuela en tercer grado. Un niño con el que me hice amigo empezó a hablarme de los demás. «Ese es David, es un gran atleta. Esa es Alisa, es muy inteligente. Ese es Benny, el niño más rápido de la escuela. Esa es Cindy, la chica linda, obviamente». Yo era el chico nuevo que con el tiempo se hizo conocido como el chino (no éramos muchos). Desde una edad temprana, se nos etiqueta. A la mayoría de nosotros no nos gustan las etiquetas que nos ponen, así que luchamos por deshacernos de ellas y ser conocidos por algo mejor. Sin embargo, por lo general, las nuevas etiquetas no son mucho mejores, ni nos satisfacen. El médico, el instructor de gimnasia, el abogado, el millonario, el influencer...

Juan escapó por completo de todo ese circo. A menudo, se nos identifica por aquello que nos obsesiona, y por esta razón Juan se hizo conocido como el amado. Los escritos de Juan muestran que le fascinaban las declaraciones de amor que salían de la boca de Jesús. Las recordaba y las escribía. No olvidemos que Juan fue quien registró Juan 3:16, el versículo más famoso de la tierra. También fue él quien registró esta declaración que a algunos nos cuesta creer: «Como el Padre me ha amado, así también yo os he amado» (Juan 15:9).

Juan realmente escuchó a Jesús decirle esto y confió en que lo decía en serio. Cuando se llamó a sí mismo el discípulo amado, no era una ilusión. Era porque había escuchado las palabras de Jesús y las creía. No tenía nada que ver con la arrogancia, sino con la fe. Juan expresaba su fe en el amor de Cristo, no en su propia capacidad de ser amado.

Falso evangelio n.º 1: Jesús como medio para alcanzar un fin

Cuando me convertí al cristianismo, inmediatamente me enseñaron, aunque no con estas palabras exactas, que Jesús era el medio para alcanzar un fin. «Repite esta oración y no irás al infierno». Más tarde, esto evolucionó a: «Sigue a Jesús y tu vida será bendecida» o «Confía en Dios y Él arreglará tu matrimonio». Aunque hay algo de verdad en estas afirmaciones, ¿ves cuál es el problema fundamental? Eso no es el evangelio.

La buena noticia del evangelio de Jesucristo no es que si lo sigues todo te irá bien, obtendrás todo lo que pidas en tus oraciones y todo en tu vida funcionará. La buena noticia del evangelio es que, si sigues a Jesús, obtienes... eso mismo...

¡a Jesús! Lo obtienes a Él y Él es más que suficiente para ti, sin importar cuáles sean tus circunstancias.

Es cierto que Él nos salva del infierno y que Dios puede ayudar a tu matrimonio y a tu familia, pero es un problema cuando enfatizamos que Jesús es el camino hacia estos tesoros. Es idolatría, no evangelio, cuando elevamos los dones por encima del Dador y vendemos a Jesús como un medio para obtener las cosas que queremos más que a Jesús mismo. ¡La gente pierde de vista que Dios *es* el tesoro!

> Además, el reino de los cielos es semejante a un tesoro escondido en un campo, el cual un hombre halla, y lo esconde de nuevo; y gozoso por ello va y vende todo lo que tiene, y compra aquel campo. (Mat. 13:44)

Estoy convencido de que la mayoría de los «cristianos» en Estados Unidos ven a Jesús como un medio para alcanzar un fin. Por eso cuestionan Su bondad o incluso Su existencia cuando no reciben lo que esperaban de Él. Esto se debe en gran medida a la forma en que les hemos vendido el cristianismo. ¡No hemos enfatizado el gran tesoro! Es como si pensáramos que Él no es suficiente. Necesitamos dorar la píldora añadiendo unos ingresos estables, una esposa o un hijo. Cuando Pablo habla de cómo hemos sido bendecidos, dice: «Bendito sea el Dios y Padre de nuestro Señor Jesucristo, que nos bendijo con toda bendición espiritual en los lugares celestiales en Cristo, según nos escogió en él antes de la fundación del mundo, para que fuésemos santos y sin mancha delante de él, en amor habiéndonos predestinado para ser adoptados hijos suyos por medio de Jesucristo, según el puro afecto de su voluntad, para alabanza de la gloria de su gracia, con la cual nos hizo aceptos en el Amado» (Ef. 1:3-6).

En 2009, le compré a un amigo mío un Toyota Corolla recuperado a muy buen precio. Tenía pocos kilómetros y pensé que lo tendría para siempre, pero en 2016 le di las llaves a mi nuevo yerno Justin junto con mi hija Rachel: fue como un paquete. Cuando acompañé a Rachel al altar en su boda, lloré a mares. Me invadieron los recuerdos de veintiún años de vida con esta chica a la que amo con todo mi corazón. Cuando llegamos al final del pasillo, nos abrazamos durante mucho tiempo. No quería soltarla.

Imagina si, en ese momento, Justin me mirara y me dijera: «Hombre, gracias por el Toyota».

¿Estás bromeando? Te estoy dando a mi querida hija ¿y tú solo piensas en el coche? Sería indignante y ofensivo, pero eso es lo que parece la iglesia en Estados Unidos hoy en día.

Pienso en la profundidad de lo que sentí en ese momento por mi hija, que había estado en mi vida durante veintiún años, y luego trato de imaginar lo que Dios siente por Su amado Hijo, que ha estado en perfecta relación con Él durante toda la eternidad. Es inconmensurable, y sin embargo, esa es la bendición de Dios para nosotros. Somos bendecidos en el Amado. No solo eso, sino que Él nos ha adoptado como hijos. ¡Ahora podemos asumir la identidad de los amados de Dios junto con el mismo Jesús! ¡Alabado sea por Su gloriosa gracia! Arrepiéntete de todas las veces que has codiciado bendiciones menores. ¿Qué más podríamos pedir?

Falso evangelio n.º 2: Las obras como medio para llegar a Jesús

Quizás sabes que Jesús es el tesoro, pero estás atrapado en un ciclo en el que intentas ganarte Su amor con tus obras. Esto también es un evangelio falso. La realidad es que, en cualquier relación, el amor no es algo que se gana, sino algo que se recibe. Sin embargo, muchos de nosotros nos encontramos constantemente esforzándonos por ganarnos el amor de Dios y de las personas que nos rodean. ¿Por qué?

Muchos hemos pasado gran parte de nuestra vida trabajando para ganarnos la aprobación de los demás. Ya sea de nuestros padres, profesores o jefes, hemos aprendido que las acciones correctas reciben aprobación. Si saco buenas notas, recibo elogios de mis padres. Si trabajo de manera eficiente, me dan un aumento.

Esto puede llevarnos a confundir la aprobación, que es algo que se gana, con el amor, que no se puede ganar. Piénsalo: la Biblia enseña que Dios nos amó incluso cuando estábamos muertos en nuestros delitos y pecados. No aprobaba nuestras acciones; de hecho, las detestaba. Pero el amor es lo que Él es, e incluso cuando éramos Sus enemigos, nos amó y nos deseó lo suficiente como para morir por nosotros.

Algunos de ustedes fueron amados desde el momento en que fueron concebidos. Sus padres se regocijaron al escuchar los latidos de su corazón mientras aún estaban en el útero y no veían la hora de ver su rostro por primera vez. No hicieron nada para ganarse eso. Los amaron sin que hubieran hecho nada, y continúan amándolos.

Mientras tanto, otros no tuvieron a nadie que los recibiera con alegría en este mundo. Al igual que yo, eran un inconveniente, y fueron rechazados hasta que alguien finalmente aceptó la responsabilidad de criarlos. Su único mecanismo de supervivencia era ganarse el favor o la aprobación mediante acciones correctas. Rápidamente, aprendieron a ganarse la aprobación de los demás.

Puede que nunca hayas sido amado, por lo que te cuesta entender el amor de Dios. Puede que sí hayas sido amado, pero que no lo hayas reconocido como tal. La cuestión es que muchos de nosotros estamos atrapados en un ciclo de ganarnos la aprobación y creemos que nos estamos ganando el amor. Luego proyectamos eso en nuestra relación con Dios. Creemos que Él nos ama cuando actuamos correctamente y nos niega Su amor cuando fallamos.

El amor no es algo por lo que tengamos que esforzarnos. Cuando olvidamos eso, podemos obsesionarnos demasiado con nuestras propias acciones y desanimarnos o enorgullecernos. Si estamos teniendo una mala semana, podríamos empezar a hacer cosas para intentar compensarlo y demostrarle a Dios que realmente lo sentimos. Si estamos teniendo una buena semana, es posible que, inconscientemente, nos felicitemos por ser «lo suficientemente buenos». En última instancia, es un círculo vicioso que nos mantiene centrados en nosotros mismos y nos separa de Dios.

El verdadero evangelio

Este es el verdadero evangelio, el evangelio que cautivó y transformó a Juan: ¡Jesús es el camino y Él es el fin!

> Porque de tal manera amó Dios al mundo, que ha dado a su Hijo unigénito, para que todo aquel que en él cree, no se pierda, mas tenga vida eterna. (Juan 3:16)

> Y esta es la vida eterna: que te conozcan a ti, el único Dios verdadero, y a Jesucristo, a quien has enviado. (Juan 17:3)

En Él, se nos ha dado una identidad completamente nueva que transforma por completo nuestras vidas. Somos adoptados en una familia eterna y desposados en matrimonio con un novio perfecto. Quiero que se den cuenta de que una adopción o un matrimonio no es solo una transacción que se hace una vez y ya está, sino que es el comienzo de una relación amorosa para toda la vida. Permanecer en el amor de Dios es vivir en esta nueva identidad y disfrutarla cada día más y más.

Hijos amados

¿Alguna vez han meditado sobre lo singular que es que llamemos a Dios «Padre»? Si han asistido a la iglesia durante un tiempo, es posible que hayan oído llamarlo Padre tantas veces que puede empezar a parecerles algo común. Pero hay algo muy especial en que Jesús diga que, cuando oren, lo llamen «Padre nuestro» (Mat. 6:9).

En Efesios, Pablo escribe: «Por esta causa doblo mis rodillas ante el Padre de nuestro Señor Jesucristo, de quien toma nombre toda familia en los cielos y en la tierra» (Ef. 3:14-15).

Así que la palabra *Padre* significa que Él es nuestro origen. Tú existes porque tu Padre celestial decidió crearte. No fuiste un accidente. Puede que haya utilizado a dos seres humanos en la tierra, pero Él mismo es tu Padre en el sentido de origen, de creador.

Jeremías 1:5 es uno de mis versículos favoritos: «Antes que te formase en el vientre te conocí, y antes que nacieses te santifiqué, te di por profeta a las naciones».

Piensa en ello por un momento. Antes de que existieras en el vientre de tu madre, Dios ya te conocía. Es como si, en esencia, hubiéramos nacido primero de Él de alguna manera y luego nos hubiéramos formado en el vientre materno. Y antes de que tomáramos nuestro primer aliento, Él ya había designado cosas específicas para que hiciéramos. Fuimos creados, de manera personal y con un propósito, por el Dios todopoderoso. Esto es lo que declaramos cuando lo llamamos nuestro Padre, como lo hace el salmista en el Salmo 68:5: «Padre de huérfanos y defensor de viudas es Dios en su santa morada».

Probablemente, algunos de ustedes no tuvieron un buen padre. Quizás tuvieron un padre normal, una relación terrible con él, o ninguna relación, o su padre se fue de casa, o tal vez ni siquiera saben quién es. Por eso, cuando escuchan la palabra *padre* e intentan pensar en Dios, todo ese bagaje acompaña.

Por otro lado, algunos tienen padres realmente buenos, y eso también conlleva un desafío. Quizás no sientan la necesidad de depender de su Padre celestial de la misma manera porque no hay el mismo vacío en su vida. A veces les digo a mis hijos que no tengo idea de lo que es ser amado por un padre terrenal como ellos lo son. Y a veces siento que se están perdiendo eso. Casi me preocupa que su afecto por mí pueda restarles de alguna manera su afecto por Él. Para mí, hubo algo hermoso en transferir todos mis pensamientos sobre la paternidad a Dios. Nada compite por esa posición en mi vida o en mis afectos.

Sea cual sea tu situación, el enemigo intentará utilizarla para robarte la alegría de conocer a Dios como Padre. Pero la verdad es que «no habéis recibido el espíritu de esclavitud para estar otra vez en temor, sino que habéis recibido el espíritu de adopción, por el cual clamamos: ¡Abba, Padre!» (Romanos 8:15).

Algo misterioso sucedió cuando te convertiste en creyente y recibiste el Espíritu de adopción, por medio del cual clamamos: «¡Abba!». Pablo vuelve a hablar de esto en Gálatas 4: «Pero cuando vino el cumplimiento del tiempo, Dios envió a su Hijo, nacido de mujer y nacido bajo la ley, para que redimiese a los que estaban bajo la ley, a fin de que recibiésemos la adopción de hijos. Y por cuanto sois hijos, Dios envió a vuestros corazones el Espíritu de su Hijo, el cual clama: ¡Abba, Padre! Así que ya no eres esclavo, sino hijo; y si hijo, también heredero de Dios por medio de Cristo» (vv. 4-7).

En Romanos dice que clamamos, y aquí, en Gálatas, dice que el Espíritu de Dios en nuestro corazón clama. No sé exactamente cómo es eso, pero sé que es diferente a simplemente abrir la boca y decir las palabras «¡Abba, Padre!». De alguna manera, sobrenaturalmente, mi espíritu y el Espíritu de Dios se unen para clamar literalmente desde lo más profundo de mi ser que Él es mi verdadero Padre. Mi identidad ha cambiado para siempre. Soy Su hijo amado, y nadie me arrebatará de Su mano.

Si nunca has gritado literalmente: «¡Abba! ¡Padre!» por el Espíritu desde lo más profundo de tu ser, hazlo. No mires este pasaje y supongas que se refiere a algo figurativo. Algunos de nosotros crecimos en tradiciones que hacían que todo pareciera vago e intangible. No hay nada en estos pasajes que nos lleve a pensar de esta manera. Tómate ahora un tiempo para estar a solas en un lugar tranquilo y clamar a tu Padre. Es un privilegio increíble y una de las cosas más agradables que puedes hacer.

Una esposa radiante

En Efesios 5, Pablo escribe: «Maridos, amad a vuestras mujeres, así como Cristo amó a la iglesia, y se entregó a sí mismo por ella, para santificarla, habiéndola purificado en el lavamiento del agua por la palabra, a fin de presentársela a sí mismo, una iglesia gloriosa, que no tuviese mancha ni arruga ni cosa semejante, sino que fuese santa y sin mancha» (vv. 25-27).

Y en Apocalipsis 19:6-8, Juan escribe: «Y oí como la voz de una gran multitud, como el estruendo de muchas aguas, y como la voz de grandes truenos, que decía: ¡Aleluya, porque el Señor nuestro Dios Todopoderoso reina!

Gocémonos y alegrémonos y démosle gloria; porque han llegado las bodas del Cordero, y su esposa se ha preparado. Y a ella se le ha concedido que se vista de lino fino, limpio y resplandeciente; porque el lino fino es las acciones justas de los santos».

¿Alguna vez has meditado o te has maravillado de que seamos la esposa de Cristo? ¡Eso significa que somos los destinatarios de Su protección, provisión y afecto! Crecí en una tradición eclesiástica en la que no se hablaba mucho de esto. Como resultado, no había pensado profundamente en ello hasta hace poco. Ser la esposa de Cristo era una frase que me resultaba familiar, pero no era una realidad que disfrutara. Mi matrimonio con Lisa es muy real para mí. Lo disfruto profundamente. Mi matrimonio con Jesús me ha resultado mucho menos tangible y disfrutable. Supongo que esto es cierto para muchos, y es por eso que hemos encontrado nuestra identidad en algo distinto a ser la amada esposa de Cristo.

Mi parte favorita de oficiar una boda es cuando la novia camina por el pasillo. Todo el mundo se pone de pie, la música suena y la novia aparece con su deslumbrante vestido de novia. En esos momentos, me encanta observar al novio. A veces hay lágrimas. Otras, sonríe de oreja a oreja. A veces incluso oigo un grito ahogado porque está impresionado por lo hermosa que está ella. No puede apartar los ojos de su novia mientras ella camina hacia él. En sus ojos no existe nada más en el mundo que ella.

Ahí es cuando me doy cuenta. Así es como Jesús nos mira a nosotros, a Su iglesia. Eso es lo que Pablo quiere decir cuando nos llama la esposa de Cristo. Jesús no es solo nuestro Señor, nuestro Rey, nuestro Salvador: es nuestro Esposo, que nos mira con la misma intensidad de amor. El que tiembla de alegría por nosotros. El que nos ve caminar hacia Él, imperfectos y torpes como somos, y queda absolutamente cautivado.

Hace poco, leí el Cantar de los Cantares. Era la primera vez que podía identificarme con la historia. Históricamente, los creyentes han considerado este libro como alegórico, y afirmando que hace referencia a Dios con Israel o a Cristo con la iglesia. Durante el último siglo, algunos han argumentado en contra de la interpretación histórica diciendo que es solo un libro sobre la intimidad entre un marido y una mujer. Yo creo que puede ser ambas cosas. Aunque lo he creído en mi mente, esta es la primera vez que he podido personalizarlo.

En mi mente natural, me resulta incómodo e incluso blasfemo pensar que Dios me anhela como describe el libro. Soy demasiado feo, sucio e insignificante en comparación con Él. ¿Cómo podría un Dios santo tener sentimientos y deseos tan intensos por un ser humano débil y pecador? Mi mente racional no puede entenderlo hasta que me obligo a dejar de mirar mis fracasos y defectos y me fijo en Su amor. Su amor no es como el nuestro. Es amor santo. Él es amor santo.

Su amor santo se ve en el libro de Oseas, cuando a Oseas se le dice que persiga a la prostituta Gomer incluso después de que ella lo abandona y tiene relaciones sexuales con otros hombres. Ningún ser humano racional se casaría con una prostituta cualquiera y la amaría, y mucho menos la perseguiría hasta el cansancio después de que ella lo abandonara. El amor de Dios no es como el nuestro. Eso es lo que significa ser santo. Él está separado de nosotros. Es capaz de amar de maneras que no podemos comprender. Tener esto en cuenta nos permite ponernos en el lugar del Cantar de los Cantares. Ora para que Él te dé la gracia de creer en Su deseo apasionado de tener una verdadera intimidad contigo. Muchos de nosotros creemos que Él nos ama, pero sigue siendo algo abstracto. Ni siquiera se parece remotamente a la pasión de un esposo por su esposa. Ora. Estamos en proceso. Vemos como en un espejo, de manera confusa (1 Cor. 13:12). Ora para que Dios te dé fuerzas para ver cuán ancho, largo, alto y profundo es...

¿Herejía bienintencionada?

Uno de los ancianos de nuestra iglesia me compartió recientemente que estaba meditando en Romanos 8:1: «Ahora, pues, ninguna condenación hay para los que están en Cristo Jesús», pero algo en él no quería compartir este versículo con la iglesia. Rápidamente, se dio cuenta de la raíz de su temor: su razonamiento. Si les dice a las personas que están a salvo de la condenación, esto dará lugar a un mayor pecado. Si se sienten inseguras o temerosas, esto las motivará a producir las acciones correctas. Había algo manipulador en él que quería mantener a la congregación insegura. Si el objetivo es simplemente evitar el comportamiento pecaminoso, esto funciona. Si el objetivo es permanecer en el amor, esto es un gran obstáculo.

Dios advierte a aquellos que hacen tropezar a Sus hijos (ver Mat. 18:6). No es un pecado menor enseñar de tal manera que haga que los hijos de Dios duden del amor de su Padre. Incluso ahora, piensa en aquellos a quienes influyes, así como en aquellos que te han influido a ti. ¿Te criaste en un sistema que te motivaba a la obediencia a través de la duda constante sobre tu salvación? ¿Estás transmitiendo eso a tus hijos y discípulos? La buena noticia es que puedes orar ahora mismo a un Dios rico en misericordia y lleno de gracia. Él te perdonará y te dará el poder para romper el ciclo.

Juan no utilizó la inseguridad para motivar acciones. Al contrario, se dirige a sus discípulos como «amados» diez veces en sus cartas. Quienes disfrutan del amor de Dios no pueden evitar desear que sus seres queridos también lo disfruten. Juan quería que todos adoptáramos «amados» como nuestra identidad. Como hablaremos más adelante en el libro, sentirnos seguros en Cristo dará, de hecho, mejores resultados. Por ahora, Dios quiere que confiemos y celebremos nuestra nueva identidad.

Apreciemos lentamente cada palabra de este versículo: «Mirad cuál amor nos ha dado el Padre, para que seamos llamados hijos de Dios» (1 Juan 3:1a).

Miren: La palabra significa prestar especial atención a algo. Ora para que Dios te ilumine y puedas conocer verdaderamente e interiorizar esta verdad.

Cuán gran amor: Reconoce que el amor de Dios es distinto. Cuando Él te dice que te ama, es un amor diferente al que pueden dar los seres humanos. Su amor es santo.

Nos ha otorgado: El amor es algo que el Padre nos ha dado, no algo que tengamos que ganarnos. Abre tus manos ahora y recibe todo lo que Él quiere ofrecerte. Recibe la adopción, el amor, la protección y la herencia eterna que Él nos ha dado.

El Padre: ¡Esta es Su identidad! Dios se nos revela a través de la perfecta relación entre el Padre y el Hijo. Celebra que nuestro Dios haya sido conocido eternamente como Padre. Medita en las implicaciones de eso. Clama a tu Abba Padre.

Que seamos llamados hijos de Dios: No pierdas tu entusiasmo por haber recibido este título. ¿Quiénes somos nosotros, simples humanos a quienes no se nos garantiza otro aliento, para que se nos conceda este privilegio ridículo? Celebra esto en Su presencia.

Y eso somos: Esta es nuestra identidad. Esto es lo que somos.

En un mundo lleno de personas que buscan su identidad, cambiando constantemente cómo quieren ser identificadas, regocijémonos para siempre como la esposa de Cristo y los hijos del Padre perfecto.

Dios anhela que corramos hacia Él con el mismo abandono que un niño que sabe que es amado, se deleita en ese amor y nunca lo duda ni por un segundo. O una novia que se regocija en ser el objeto del afecto del novio, que la ama tanto que no solo estaba dispuesto a morir por ella, sino que murió con alegría por ella (ver Heb. 12:2).

Esa es tu identidad: el amado de Dios. No por nada que hayas hecho, sino por quién es Él y lo que ha hecho por ti. Esto es lo que eres. Y cuando lo creemos de verdad, todo cambia.

IV.

CAPÍTULO 4

VIDA

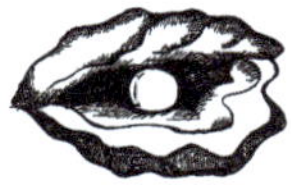

Hace veinticinco años, recibí un mensaje de voz que aún recuerdo vívidamente. Estaba lejos de mi familia, dando una conferencia en otro estado, cuando mi hija Rachel me dejó un mensaje. Al principio, solo oía sollozos, y luego una vocecita de cinco años que repetía: «Te extraño, papá. ¡Por favor, vuelve a casa!». Si no recuerdo mal, lloró a gritos en el mensaje durante más de un minuto, lo cual fue desgarrador. Llamé a Rachel para recordarle que volvería a casa pronto. Le aseguré que yo también detestaba estar lejos de ella. Cuando colgamos, entró en mi habitación y tomó la última camisa que me había puesto. Esto se convirtió en su ritual nocturno cuando yo no estaba. La hacía sentir cerca de mí.

La familia de Rachel, compuesta por cinco miembros, se mudó recientemente a 3200 kilómetros de distancia de nosotros. ¡Ahora soy yo quien quiere dejar mensajes de voz entre sollozos a mis nietos! Odio estar tan lejos de ellos. A veces paso por su antigua casa e imagino cómo corren hacia mí para abrazarme. Las oraciones, los recuerdos y las llamadas telefónicas me mantienen algo cerca, pero siempre estoy pensando en cuándo podré volver a verlos.

¿Ves a Dios como una persona real, que quiere estar con nosotros y crea oportunidades para hacerlo? Una y otra vez, a lo largo de toda la narración de la Biblia, Dios muestra cuánto desea estar cerca de nosotros. Caminó por el jardín con Adán y Eva, llenó el templo con Su gloria, se hizo carne y habitó entre nosotros, y nos da esta visión de nuestro destino eterno: «He aquí el tabernáculo de Dios con los hombres, y él morará con ellos; y ellos serán su pueblo, y Dios mismo estará con ellos como su Dios» (Apoc. 21:3b).

Últimamente, he estado meditando mucho en Apocalipsis 3:20: «He aquí, yo estoy a la puerta y llamo; si alguno oye mi voz y abre la puerta, entraré a él, y cenaré con él, y él conmigo».

Es una idea descabelladaque en este momento, incluso mientras lees esto, Jesús esté llamando a la puerta, deseando sentarse a comer contigo. Me encanta esta imagen de compartir una comida, quedarme y disfrutar de Su compañía. Hace muchos años, un chef nos invitó a Lisa y a mí a su restaurante francés. Nos pidió que nos sentáramos y nos relajáramos mientras nos traía diferentes platos para degustar. Cualquiera que me conozca sabe que me encanta la buena comida, especialmente cuando es gratis. Cada pocos minutos, salía de la cocina con un plato diferente. Trajo porciones pequeñas para que pudiéramos disfrutar de más cosas. Fue muy divertido sentarme con Lisa, charlando y riendo, mientras nos servían comida deliciosa. Cuando finalmente llegó el postre, nos dimos cuenta de que llevábamos allí casi tres horas. Este es el tipo de comida que Jesús quiere tener con nosotros: sin prisas, solo un festín prolongado y agradable.

Para esta comunión que fuimos creados. Por eso san Agustín dijo: «Nos has creado para ti, Señor, y nuestros corazones están inquietos hasta que descansan en ti».* Por eso el Catecismo de Westminster enseña que el fin principal del hombre es glorificar a Dios y disfrutar de Él para siempre.

Su cercanía debe ser nuestro mayor tesoro. Nos preocupamos y distraemos por tantas cosas, pero solo una cosa es necesaria. Debemos ser como María, que eligió la mejor parte de sentarse a los pies de Jesús, o como David, que dice: «Una cosa he demandado a Jehová, esta buscaré; que esté yo en la casa de Jehová todos los días de mi vida, para contemplar la hermosura de Jehová, y para inquirir en su templo» (Sal. 27:4).

---

* Agustín, *Confessions*, trad. Henry Chadwick (Oxford: Oxford University Press, 1991), 3.

Solía pensar que eran solo palabras bonitas. Casi una hipérbole poética. «¿Una cosa?». ¿En serio, David? ¿No la seguridad frente a tus enemigos? ¿No el éxito en la batalla? ¿No el bienestar de tu familia? ¿Solo morar en la casa de Dios? Cuanto más envejezco, más comprendo que David no exageraba. Quienes han probado la dulzura de pasar tiempo concentrados en Su presencia saben que es lo único que realmente satisface nuestras almas.

Permanecer en el amor

Recuerda que tenemos un enemigo que odia que tengamos una relación correcta con Dios y que hace todo lo posible para impedir nuestra intimidad. Por eso Jesús dice en Juan 15:9: «Como el Padre me ha amado, así también yo os he amado; permaneced en mi amor».

Permanecer significa morar o vivir dentro. Creer en el amor de Jesús no es un reconocimiento de una sola vez. Es una conexión sostenida. Tengo amigos cristianos que alguna vez fueron alcohólicos o drogadictos. Algunos de ellos fueron completamente liberados tanto del pecado como de la tentación cuando se convirtieron en creyentes. Otros luchan diariamente contra sus tentaciones con el poder del Espíritu Santo. La gracia de Dios no siempre se manifiesta de la misma manera, pero siempre es suficiente.

Así parece funcionar con la duda. He conocido a personas que se sienten completamente seguras del amor de Dios. Fueron liberadas de la inseguridad en el momento de la salvación y nunca han dudado del amor de Dios por ellas. Otras, como yo, tienen que recordarse a diario Sus promesas. El enemigo no deja de lanzarnos flechas de duda. Tenemos que correr constantemente en busca de refugio. Estamos protegidos mientras permanezcamos en Su casa.

El apóstol Pablo escribió una carta «a los santos y fieles en Cristo Jesús que están en Éfeso» (Ef. 1:1b). Es evidente que se dirige a los cristianos, pero les dice que ha estado de rodillas orando para que «habite Cristo por la fe en vuestros corazones» (3:17a).

¡Espera! ¿Por qué? ¿No es esa la definición de cristiano? ¿No se nos dijo que Cristo entró en nuestros corazones en el momento de la salvación? ¿Acaso se va?

Pablo continúa orando para que los santos de Éfeso «[conozcan] el amor de Cristo» (3:19a).

Una vez más, ¿por qué tendría que orar para que los cristianos conocieran el amor de Cristo? ¿Existe tal cosa como un santo fiel que no conoce el amor de Dios?

En 3:18, se da una pista clave: «[para que] seáis plenamente capaces de comprender con todos los santos cuál sea la anchura, la longitud, la profundidad y la altura».

No solemos pensar en ello, pero parte de nuestro proceso continuo de santificación consiste en conocer Su amor. Dios quiere que exploremos las profundidades de Su amor. A menudo, tratamos Su amor como un hecho que aceptamos hace mucho tiempo. Creo que Dios me ama, así que puedo marcar esa casilla. Ahora es el momento de seguir adelante y aprender otras verdades, verdades más profundas. Esa forma de pensar es muy destructiva. ¡No estamos destinados a seguir adelante! Estamos destinados a permanecer en Su amor. Permanecemos en Él dedicando el resto de nuestras vidas a aprender cuán ancho, largo, alto y profundo es.

Por qué no permanecemos

Al mirar atrás en mi vida, no creo que no *creyera* en algunas de estas verdades sobre el amor de Dios. Creo que simplemente no *pensaba* en ellas. Muchos de nosotros no disfrutamos del amor de Dios porque nos negamos a meditar en él. A algunos tipos de personalidad les cuesta más meditar que a otros, pero vivimos en una época en la que a todos nos cuesta. Hay muchas razones para ello, pero algunas de las más comunes son:

Las distracciones

Atrás quedaron los días en que todos los niños de la clase prestaban atención, excepto ese niño que parecía incapaz de concentrarse. Ahora, el niño atento es la anomalía. Hoy en día, estamos tan inundados de información y estímulos que nuestras mentes están condicionadas a pasar rápidamente a la siguiente cosa. Los videos y los anuncios son cada vez más cortos, impactantes y ruidosos para intentar captar nuestra atención, cada vez más limitada. Nuestras mentes están tan ocupadas con todos los medios de comunicación que consumimos, que es casi como si estuviéramos borrachos o bajo los efectos constantes de la cafeína. No es de extrañar que, cuando nos ponemos a meditar, nos resulte imposible. Nuestras mentes están nubladas y nuestra concentración es débil, por lo que nos rendimos.

Recuerdo que mi hija me contó que uno de sus profesores de la universidad pidió a su clase que practicara sentarse en silencio a solas con el Señor durante siete minutos cada mañana, y casi todos confesaron que no podían hacerlo. Necesitaban poner música para distraerse o no podían resistir la tentación de mirar sus teléfonos. Si no podemos estar quietos y concentrarnos durante *siete minutos*, ¿cómo vamos a mantener una relación con un Dios que no podemos ver? ¿Un Dios que exige que lo busquemos con todo nuestro corazón?

El silencio y la meditación son disciplinas espirituales muy importantes que se están perdiendo por completo en la iglesia estadounidense actual. Si te resulta imposible estar en silencio durante un tiempo prolongado, necesitas urgentemente empezar a ejercitar ese músculo espiritual. El enemigo ha popularizado la incapacidad de meditar, y Dios nos llama a rebelarnos. No es un asunto superficial: creo sinceramente que es fundamental para la longevidad de tu fe. Todos sabemos que si dejamos de pasar tiempo con alguien, se crea distancia en la relación. Y una relación distante y superficial con Dios es un campo de juego para el enemigo.

En Marcos 1, vemos el ejemplo de Jesús:

> Levantándose muy de mañana, siendo aún muy oscuro, salió y se fue a un lugar desierto, y allí oraba. Y le buscó Simón, y los que con él estaban; y hallándole, le dijeron: Todos te buscan. (vv. 35-37)

Hay muchos otros momentos en el evangelio en los que se habla de Jesús haciendo lo que fuera necesario para pasar tiempo a solas con el Padre. Estoy seguro de que muchas de las personas que buscaban a Jesús tenían razones importantes. Para algunos de los que buscaban sanidad, podría haber sido una cuestión de vida o muerte. Sin embargo, Jesús sabía que tenía que proteger ese tiempo de comunión con el Padre. ¿Cuántas veces renunciamos a la comunión con el Padre por razones mucho menos importantes?

Si quieres tener una vida de oración sólida e íntima, tendrás que sacrificarte por ella y deberás esforzarte. ¡Pero no hay nada más valioso ni gratificante que eso!

> Gustad, y ved que es bueno Jehová;
> Dichoso el hombre que confía en él.
> (Sal. 34:8)

Los problemas

Algunos de nosotros somos solucionadores de problemas por naturaleza. Los solucionadores de problemas tienden a consumirse con el problema que tienen entre manos y a posponer todo lo demás para más tarde. Meditar sobre el amor parece un placer o un lujo al que se puede llegar una vez que se han resuelto los asuntos más urgentes. Sé por experiencia propia que, cuando alguien me ataca o algo sale mal, tiendo a meditar sobre eso en lugar de mantener mis ojos fijos en Cristo.

En el famoso Salmo 23, donde David dice: «Jehová es mi pastor; nada me faltará», continúa diciendo: «Preparas una mesa delante de mí en presencia de mis enemigos» (versículos 1 y 5a).

Hay otros salmos en los que David le pide a Dios que derrote a todos sus enemigos o celebra la liberación de Dios. Pero aquí David está diciendo que, incluso en *presencia* de sus enemigos, Dios prepara una mesa solo para sentarse y estar con él.

Hace años, estaba en una reunión de ancianos cuando la iglesia atravesaba un momento difícil. Nuestra estrategia habitual era prolongar la reunión para poder tener una discusión más larga. Uno de los ancianos sugirió que, en cambio, dedicáramos todo el tiempo a estar de rodillas, confiando más en nuestras oraciones que en nuestra lógica. Era difícil discutir eso, aunque todo en nuestra carne quería hablar y solucionar los problemas. Decidimos renunciar a hablar y simplemente orar todo el tiempo. Sinceramente, no recuerdo el resultado, pero sí recuerdo haber salido de la sala con paz. Lo mejor de todo fue que iniciamos una nueva tendencia. Habíamos soportado demasiadas reuniones en las que la discusión se alargaba, dejando solo un minuto o dos para una oración de cierre simbólica. Ya no es raro que la alabanza y la oración se alarguen tanto que nos quede poco tiempo para hablar. Creo que llegará un día en que Dios nos mostrará cuánto tiempo hemos perdido en la tierra «resolviendo cosas» y nos revelará los resultados increíbles de nuestras oraciones.

La productividad

Algunos de nosotros somos adictos a los logros. Meditar sobre el amor no parece productivo, por lo que tiene más sentido hacer algo. De hecho, algunos de ustedes han omitido o leído por encima todos los ejercicios de meditación de este libro hasta ahora porque les preocupa más terminarlo que sentarse a meditar. Los descubrí, ¿verdad?

Pero cuando Pablo ora por la iglesia de Éfeso, pide que «[conozcan] el amor de Cristo, que excede a todo conocimiento, para que [sean] llenos de toda la plenitud de Dios» (Ef. 3:19).

Obviamente, si estoy lleno de toda la plenitud de Dios, voy a ser eficaz para Su reino. Si tienes que apostar por alguien que trabaja tan duro como puede o por alguien que está lleno de la plenitud de Dios, siempre te inclinarás por el segundo. Y aunque pueda parecer contradictorio, Pablo dice que conocer el amor de Cristo es lo que nos hace estar llenos de la plenitud de Dios. Mi lógica me diría que necesito hacer algo para estar lleno, pero las Escrituras dicen lo contrario. Es cuestión de recibir Su amor.

David declara: «Jehová, no se ha envanecido mi corazón, ni mis ojos se enaltecieron; ni anduve en grandezas, ni en cosas demasiado sublimes para mí. En verdad que me he comportado y he acallado mi alma como un niño destetado de su madre; como un niño destetado está mi alma» (Sal. 131:1-2).

En un mundo frenético e insatisfecho, Dios quiere que Sus hijos descansen. Esto no significa que nos sentemos sin hacer nada. Efesios 2:10 dice: «Porque somos hechura suya, creados en Cristo Jesús para buenas obras, *las cuales Dios preparó de antemano* para que anduviésemos en ellas». Dios sabe que quieres que tu vida tenga sentido, así que no tienes que preocuparte por ello. Él tiene planes para ti. Descansa en Él.

Una cosa que nos lleva a la inquietud es nuestra tendencia a ocuparnos de «cosas demasiado sublimes». La arrogancia de nuestro corazón nos lleva a aspirar a cosas que están por encima de nuestras posibilidades. Internet está lleno de gente que cree tener la respuesta o ser la respuesta. El rey David aquietó su alma «como un niño destetado de su madre». La fe infantil requiere un descanso infantil.

Hubo momentos en mi vida en los que mis ojos estaban puestos en avivar a una iglesia tibia, acabar con el hambre en el mundo, abolir el tráfico sexual, unir a la iglesia... Pero a medida que envejezco y me acerco a la meta, mi sueño definitivo no gira en torno a los logros. Al final de mi vida, quiero estar radicalmente enamorado de la persona de Jesús, plenamente seguro de mi identidad como Su amado. Y quiero pasar el resto de mis días aquí en la tierra haciendo lo que algún día haré para siempre: disfrutar y rebosar del amor de Dios. Si lo sigo, los logros vendrán. Si me esfuerzo frenéticamente por conseguir logros, no tendré ninguna de las dos cosas.

El fracaso

El enemigo odia que los hijos de Dios descansen seguros en Su amor. Hará todo lo posible para sembrar pensamientos de duda e inseguridad en tu mente. Te recordará sin descanso tus fracasos para que cuestiones la capacidad de Dios para amar a un pecador tan miserable como tú. Utilizará a otros cristianos para desanimarte difundiendo tus fracasos. El engañador utilizará cualquier medio para mantenerte viviendo en la vergüenza. ¡Incluso te hará pensar que estás siendo humilde al meditar en tus fracasos pasados!

Hace años, algunos de mis amigos se aficionaron al ciclismo de montaña y me preguntaron si quería probarlo. Estaba en buena forma y tenía cierta coordinación, así que pensé que lo pasaría bien. No tardé mucho en acabar tirado en el suelo con la bicicleta encima. Mis «amigos» se rieron mucho de mis numerosas caídas antes de que uno de ellos me ayudara. Me preguntó si estaba mirando los obstáculos que intentaba evitar. Luego me explicó que, si veo una roca grande, una grieta en el suelo o un precipicio, no puedo fijarme en ellos. Al mirar los obstáculos, mi cuerpo me llevará naturalmente hacia ellos. La forma de evitar esas cosas es elegir un buen camino y fijar la vista solo en el camino correcto. ¡Esta es una lección de vida muy importante! Si seguimos mirando nuestros fracasos, estamos destinados a repetirlos. Por eso se nos dice que fijemos nuestros ojos en Jesús (ver Heb. 12:2). Haríamos bien en seguir el consejo de Robert Murray McCheyne: «Por cada vez que te mires a ti mismo, mira diez veces a Cristo».[†]

No quiero decir en absoluto que debamos tener una actitud despreocupada hacia el pecado. Es cierto que nuestro pecado entristece a Dios, y es correcto sentir el peso de esto. Pero también entristece a Dios cuando tardamos en

† Andrew A. Bonar, *Memoir and Remains of the Rev. Robert Murray M'Cheyne, Minister of St. Peter's Church, Dundee* (Edimburgo: Oliphant Anderson & Ferrier, 1894), 293.

recibir el perdón que Él nos ofrece tan fácilmente. Hay una distinción sutil pero muy importante entre la convicción del Espíritu Santo y la condenación del diablo. La convicción produce arrepentimiento (ver 2 Cor. 7:10) y, en última instancia, aumenta nuestro amor al recibir y regocijarnos en el perdón de Dios (ver Luc. 7:47). La condenación conduce a un círculo vicioso de vergüenza, autodesprecio y muerte. Cuando te veas arrastrado a ese ciclo demoníaco, aparta la mirada de ti mismo y mira a Jesús. Medita en Su carácter y refúgiate en Su misericordia.

> ... Pero tú eres Dios que perdonas, clemente y piadoso, tardo para la ira, y grande en misericordia, porque no los abandonaste. (Neh. 9:17b)

> Si confesamos nuestros pecados, él es fiel y justo para perdonar nuestros pecados, y limpiarnos de toda maldad. (1 Jn. 1:9)

> Porque como la altura de los cielos
> sobre la tierra, engrandeció su
> misericordia sobre los que le temen.
> Cuanto está lejos el oriente del
> occidente, hizo alejar de nosotros
> nuestras rebeliones. Como el padre se

compadece de los hijos, se compadece
Jehová de los que le temen.14
Porque él conoce nuestra condición; se
acuerda de que somos polvo.
(Sal. 103:11-14)

En palabras del himno del siglo XIX:

Oh, qué grande es mi deuda
Diariamente me veo restringido
Que tu bondad, como un grillete
Ate mi corazón errante a ti

Propenso soy a vagar, Señor, lo siento
Propenso soy a alejarme del Dios que amo
Aquí está mi corazón, oh, tómalo y séllalo
Séllalo para tus cortes celestiales

Consejos prácticos para permanecer

A esta altura, probablemente hayas notado tendencias en tu vida que te impiden permanecer en Su amor. No te detengas ahí. Demasiados cristianos son expertos en convicciones, pero fracasan en la acción. Por el Espíritu, todos tenemos el poder de hacer los cambios que conducen a la vida. Solo tenemos que elegir esforzarnos.

Lleva tus pensamientos cautivos

En 1 Corintios 6:19b-20, Pablo le dice a la iglesia: «¿O ignoráis que [...] no sois vuestros? Porque habéis sido comprados por precio; glorificad, pues, a Dios en vuestro cuerpo». Jesús te compró con Su sangre, por lo que ya no eres libre de hacer lo que quieras con tu cuerpo. La mayoría de nosotros sabemos que nuestros cuerpos no están destinados a ser utilizados para el mal, pero ¿aplicamos el mismo principio a nuestras mentes? Pablo les dice a los filipenses que no son libres de pensar en cualquier cosa. Les da criterios. Revisa la siguiente lista de adjetivos. ¿Tus pensamientos encajan en estos parámetros?

> Por lo demás, hermanos, todo lo que es verdadero, todo lo honesto, todo lo justo, todo lo puro, todo lo amable, todo lo que es de buen nombre; si hay virtud alguna, si algo digno de alabanza, en esto pensad. (4:8)

Gran parte de la batalla para permanecer tiene lugar en la mente. Hace años, un amigo mío fue víctima de terribles mentiras escritas y dichas sobre él. Era tan impactante que no podía dejar de repetir esas palabras en su mente. Tuve que recordarle que, como creyentes, no se nos permite hacer eso. Hemos entregado nuestras mentes a Dios, y Él nos dice que estas mentes solo deben pensar en todo lo que sea *verdadero, puro, amable, digno de alabanza...* No somos libres de repetir las mentiras o los insultos que se dicen contra nosotros. Nuestras mentes pertenecen a Jesús. Él quiere que nuestras mentes se concentren en Él, ya que Él es el único que realmente cumple con los criterios de Filipenses 4:8. Vivimos en un mundo caído. No podemos controlar lo que encontramos, pero podemos controlar en qué seguimos pensando.

Deja de consumir basura

Piensa en esa imagen de Jesús deseando sentarse a comer contigo. Imagina que ha preparado un banquete increíble para que disfrutes, con comida deliciosa que contiene todos los nutrientes que tu cuerpo ansía. Esta es nuestra realidad espiritual. Pero, lamentablemente, con demasiada frecuencia llegamos al banquete tan llenos de basura que apenas podemos dar un par de bocados de todo lo que Jesús ha preparado para nosotros.

Hace poco, leí que el adolescente promedio pasa casi ocho horas al día jugando o consumiendo contenido en sus teléfonos. ¡Es una locura! Eso es un trabajo de tiempo completo. No es de extrañar que nuestros sentidos espirituales estén embotados y que nuestro apetito por Dios sea inexistente. Seguimos llenando nuestras mentes y almas con basura. Un par de veces he establecido como norma para mis hijos que solo pueden usar dispositivos electrónicos durante el tiempo que hayan dedicado a la Palabra o a la oración. Pruébalo alguna vez: date cuenta de la gran cantidad de horas que pasas consumiendo sin pensar. Cultivar el hambre de la presencia y el poder de Dios en tu vida puede significar privarte de cosas menos importantes.

Mi amigo Adam hizo un trato con sus hijos. Si se comprometían a pasar la secundaria sin un teléfono inteligente, ¡les compraría cualquier coche que quisieran cuando cumplieran dieciséis años! La mayoría de nosotros no podemos permitirnos eso (él era un atleta profesional), pero lo que quiero decir es que fue creativo para mantener a sus hijos alejados de las pantallas. Lo emocionante es que cada vez veo a más jóvenes que deciden deshacerse de sus teléfonos inteligentes. Están cansados de estar constantemente tentados por la pornografía o de perder horas en las redes sociales. Veo cada vez más hogares que no tienen televisores en sus salas de estar. Parece que el Espíritu Santo está guiando a los hijos de Dios a romper sus adicciones para acercarse más a Él.

¿Podrías pasar un día sin tu teléfono? ¿Una semana sin redes sociales? ¿Dos horas sin revisar tu correo electrónico?

Inténtalo, te desafío. Para muchos de nosotros, estos retos parecen imposibles, pero no deberían serlo. Y si lo son, podría indicar que hemos desarrollado dependencias poco saludables que están desplazando nuestra capacidad de permanecer genuinamente en Cristo.

Encuentra tu ritmo

Internet está inundado de rutinas de baile. Nos encanta ver a un grupo de personas que pueden bailar con una sincronización perfecta y movimientos bien coreografiados. Esta era la esperanza de Dios para Israel y la iglesia. Se suponía que debíamos ser un grupo con ritmo. Dios instituyó ritmos de fiestas y sacrificios para ayudar a su pueblo a mantenerse anclado en la verdad. Instituyó la Pascua para que cada año los israelitas pasaran una semana recordando cómo los sacó de Egipto con mano poderosa y brazo extendido. Instituyó el sábado para que cada semana los israelitas descansaran y recordaran que «en seis días hizo Jehová los cielos y la tierra, el mar, y todas las cosas que en ellos hay, y reposó en el séptimo día; por tanto, Jehová bendijo el día de reposo y lo santificó» (Ex. 20:11). Instituyó los sacrificios de animales para purificar al pueblo y recordarle que la paga del pecado es muerte.

En los primeros tiempos de la iglesia, las campanas sonaban a horas fijas cada día para indicar a los creyentes que se detuvieran y oraran el Padrenuestro. Los creyentes ortodoxos continúan con la práctica de las horas de oración diarias. ¿Cómo cambiarían nuestras vidas si varias veces al día nos detuviéramos para clamar con millones de otros creyentes al «Padre nuestro»? ¿Cómo cambiaría el mundo si la iglesia unificada pidiera fervientemente que se hiciera Su voluntad en la tierra como en el cielo?

Todos los días, trato de recordarme dos cosas: Dios es santo y me ama. Quiero que toda mi vida se base en esas dos verdades, por lo que he adquirido el sencillo hábito de repetirlas a diario. Como últimamente he estado meditando mucho en Apocalipsis 3:20, ahora, cuando me pongo a orar antes de comer, me imagino a Él queriendo sentarse a comer conmigo. Cada comida es una oportunidad para reconocer Su presencia conmigo y disfrutar de esa comunión.

El año pasado, nuestra iglesia hizo una serie sobre Efesios, y desafié a la congregación a orar Efesios 1:15-23 por cada miembro de su grupo familiar por su nombre cada día durante una semana. Uno de nuestros pastores continuó con esta práctica durante meses.

Una vez leí: «La agencia moral repetida se convierte en carácter moral». Las pequeñas decisiones que tomamos, nuestros pequeños ritmos diarios, tienen enormes repercusiones espirituales para lo que acabamos siendo. Hoy en día, muchos evangélicos desconfían de todo lo litúrgico o ritualista porque lo asociamos con la «religión muerta» o el legalismo, y sin duda puede convertirse en eso. Pero, si se llevan a cabo con fe e intencionalidad, los ritmos de oración y práctica pueden hacer que nuestra vida cotidiana se base en la adoración. Sin ritmo, la vida se dispersa y se compartimenta fácilmente, y perdemos todas estas oportunidades de permanecer en Él y disfrutar de Él.

Todos tenemos momentos en los que nos sentimos convencidos o entusiasmados por algo, pero al final, eso no conduce a ningún cambio. Si lo que has leído hasta ahora te ha llegado al corazón, estupendo, pero te animo a dar un paso más. Antes de continuar con el siguiente capítulo, dedica un tiempo a orar sobre los cambios tangibles que puedes hacer para asegurarte de que no te alejes de este tema en los próximos meses y años.

Solo cuando permanecemos en Él, solo cuando nos empapamos de Su amor, podemos vivir verdaderamente nuestra identidad como Sus hijos amados y Su radiante novia. No basta con saber quiénes somos; debemos vivir desde ese lugar de identidad segura. Y eso sucede día a día, momento a momento, cuando elegimos volver nuestro corazón a Él y recibir Su amor infinito.

V.

CAPÍTULO 5

DESBORDAMIENTO

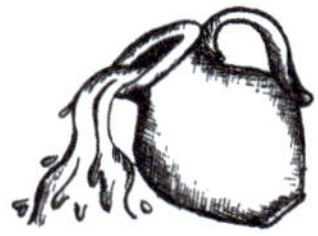

Al enseñar cómo descansar con seguridad en el amor de Jesús, puede parecer que estoy contradiciendo todo lo que escribí en *Loco amor.* El objetivo de ese libro era destacar que el cristianismo del Nuevo Testamento es muy diferente de lo que experimentamos en Estados Unidos. Asistimos a servicios religiosos que nos hacen sentir cómodos, cuando Jesús nos mandó negarnos a nosotros mismos, tomar nuestra cruz y seguirlo. Mi temor al escribir el libro era que nos parecíamos a la iglesia tibia de Laodicea en Apocalipsis 3. Con amor, esperaba despertar las convicciones de las personas porque no quería que fueran vomitadas de la boca de Dios.

> Yo conozco tus obras, que ni eres frío ni caliente. ¡Ojalá fueses frío o caliente! Pero por cuanto eres tibio, y no frío ni caliente, te vomitaré de mi boca. Porque tú dices: Yo soy rico, y me he enriquecido, y de ninguna cosa tengo necesidad; y no sabes que tú eres un desventurado,

> miserable, pobre, ciego y desnudo. (vv. 15-17)

Realmente me asusto cuando leo pasajes como este, así como otras advertencias amorosas en las Escrituras. Parece que al final habrá muchos que serán engañados. Al igual que los mencionados anteriormente, hay más de uno que «no [sabe]» que es «desventurado, miserable, pobre, ciego y desnudo». Estas no son palabras que describen a los creyentes. Ser escupidos de la boca de Dios no describe el destino de los creyentes. Sin embargo, conozco a muchos creyentes que bromean como si nada sobre ser tibios, ¡como si no fuera gran cosa! Mi opinión sobre estos pasajes no ha cambiado. Sigo sin ver la lógica del término «cristiano tibio». Es un oxímoron.

No me arrepiento de haber escrito *Loco amor.* Solo desearía haber escrito este libro primero. Si no creemos, recibimos y meditamos sobre el amor de Dios con regularidad, el mensaje de *Loco amor* puede llevar a las personas a realizar obras en forma frenética. No es que no mencionara el amor de Cristo en el libro, sino que no lo enfaticé lo suficiente. Ese era el significado de las flechas de la portada. Simbolizaban el amor de Dios que desciende sobre nosotros antes de que podamos mostrarle nuestro amor. Pero no escribí mucho sobre Su amor porque, sinceramente, no pensaba mucho en ello.

Antes de decidirme por *Amado*, mi plan original era titular este libro *Amado locamente.* Quería que todos los que leyeran mi primer libro supieran mi cambio de perspectiva con la esperanza de que pudieran experimentar algo similar. Dudé mucho a la hora de elegir el título, pero al final pensé que era más seguro optar por un término bíblico. Además, resume lo que a muchos les cuesta tanto. Para muchos, lo más difícil es ser amados.

Quiero aclarar que no estoy tratando de diluir el mensaje de *Loco amor.* No se trata de un esfuerzo por moderar tus obras para dejar espacio para recibir amor. Al contrario, mi interpretación de las Escrituras es que es el amor de Dios por nosotros lo que nos permite realizar obras mucho más sacrificadas y extravagantes que las que podríamos hacer con nuestra propia fuerza de voluntad.

No podemos olvidar la solución de Dios para la iglesia tibia de Laodicea.

> Por tanto, yo te aconsejo que de mí compres oro refinado en fuego, para que seas rico, y vestiduras blancas para vestirte, y que no se descubra la vergüenza de tu desnudez; y unge tus ojos con colirio, para que veas. Yo reprendo y castigo a todos los que amo; sé, pues, celoso,

> y arrepiéntete. He aquí, yo estoy a la puerta y llamo; si alguno oye mi voz y abre la puerta, entraré a él, y cenaré con él, y él conmigo. (Apoc. 3:18-20)

Él nos dice: «sé, pues, celoso y arrepiéntete». Este pasaje no es meramente pasivo. Debe haber un arrepentimiento motivado por el temor de ser escupido de la boca de Dios. Sin embargo, la clave está en la frase siguiente: «He aquí, yo estoy a la puerta y llamo». Jesús le está diciendo a la iglesia que está llamando a la puerta, pidiéndonos que lo dejemos entrar. Quiere comer con nosotros y darnos verdaderas riquezas, vestiduras limpias y verdadera vista para nuestros ojos.

Si seguimos trabajando con nuestras propias fuerzas, solo obtendremos resultados mediocres, por mucho que nos esforcemos. ¿Alguna vez has abierto la puerta, te has sentado a la mesa con Él y le has pedido que te dé verdaderas riquezas, te vista con vestiduras blancas y te abra los ojos? Algunos de nosotros crecemos con tradiciones que convierten todo en figurativo.

Quizás ser ferviente significa literalmente poner una mesa, creer en la presencia de Dios contigo y pedirle. Confesar realmente que tus propios esfuerzos te dejan tibio, pobre, ciego, lamentable y desnudo. Decirle literalmente a tu Salvador que quieres «oro refinado en fuego, para que seas rico, y vestiduras blancas para vestirte, y que no se descubra la vergüenza de tu desnudez; y [ungir] tus ojos con colirio, para que veas».

¿Qué fue primero? ¿El amor o la obediencia? ¿Su amor o el mío?

Durante décadas, consideré Juan 14:15 como una declaración de causa y efecto. Lo es, pero yo tenía la causa y el efecto al revés. Dice así: «Si me amáis, guardad mis mandamientos».

Cuando meditaba en ese pasaje, mi respuesta era esforzarme por obedecer sus mandamientos para demostrarle a Dios y a mí mismo que realmente lo amo. En otras palabras, si guardo Sus mandamientos, eso hará que Él me ame. Lo que Jesús enseña es lo mismo que «nosotros le amamos a él, porque él nos amó primero» (1 Jn. 4:19). Debido a que Él nos amó, y debido a que creemos y permanecemos en Su amor, el resultado es la obediencia. No es algo que tengamos que esforzarnos por conseguir. Su amor radical e inmortal por nosotros es una verdad candente. Cuando se entiende correctamente, no produce una respuesta tibia. Cuanto más crecemos en el amor, más

«las cosas de la tierra se vuelven extrañamente borrosas».[4*]
Nuestra obsesión, satisfacción y disfrute de Su amor nos deja con el anhelo de derramar nuestras vidas a Sus pies.

La importancia de la motivación

Llevo casi cuarenta años en el ministerio y, recientemente, he estado reflexionando sobre cuántas cosas en mi vida he hecho realmente por este amor desbordante y cuántas cosas he hecho simplemente porque era mi trabajo, porque me sentía culpable o porque quería demostrar mi valía. He hecho muchas cosas correctas, pero muchas no fueron por las razones adecuadas.

En 1 Corintios 13:1-3, podemos leer: «Si yo hablase lenguas humanas y angélicas, y no tengo amor, vengo a ser como metal que resuena, o címbalo que retiñe. Y si tuviese profecía, y entendiese todos los misterios y toda ciencia, y si tuviese toda la fe, de tal manera que trasladase los montes, y no tengo amor, nada soy. Y si repartiese todos mis bienes para dar de comer a los pobres, y si entregase mi cuerpo para ser quemado, y no tengo amor, de nada me sirve».

Cualquiera que haya estado sirviendo en el ministerio durante años sabe lo fácil que es moverse en piloto

* Helen Howarth Lemmel, «Turn Your Eyes Upon Jesus», en Glad Songs (Londres: Pickering & Inglis, 1922).

automático. Muy pronto nos encontramos simplemente haciendo cosas en lugar de amar a las personas. Solía guardar una lista de preguntas en la portada de mi Biblia que me hacía a mí mismo antes de predicar. La pregunta número dos era: «¿Amo realmente a estas personas?». Necesitaba esto porque se había convertido en algo natural para mí subir a la plataforma y compartir un mensaje sin sentir nada por las personas a las que me dirigía. A menudo, me escondía entre bastidores y miraba los rostros. Le pedía a Dios que me diera amor por esas personas y me ayudara a hablarles con amor. Esto me impedía limitarme a enseñar o dar una conferencia.

Anteriormente en el libro vimos la oración de Pablo por la iglesia de Éfeso. Estaba de rodillas orando para que conocieran la profundidad del amor de Dios y estuvieran «arraigados y cimentados en amor» (Ef. 3:17b). Lamentablemente, años más tarde, Dios se dirige a esa iglesia en Apocalipsis 2:

> Escribe al ángel de la iglesia en Éfeso: «Las palabras de aquel que tiene las siete estrellas en su mano derecha, que camina entre los siete candeleros de oro.
>
> Yo conozco tus obras, y tu arduo trabajo y paciencia; y que no puedes soportar

> a los malos, y has probado a los que se dicen ser apóstoles, y no lo son, y los has hallado mentirosos; y has sufrido, y has tenido paciencia, y has trabajado arduamente por amor de mi nombre, y no has desmayado. Pero tengo contra ti, que has dejado tu primer amor. Recuerda, por tanto, de dónde has caído, y arrepiéntete, y haz las primeras obras; pues si no, vendré pronto a ti, y quitaré tu candelero de su lugar, si no te hubieres arrepentido. (vv. 1-5)

Seguían haciendo lo correcto, pero habían abandonado su amor. No actuaban desde el desbordamiento de una relación amorosa. Lo que llama la atención de este pasaje es que Dios advierte que eliminará por completo a la iglesia si no cambia (v. 5). Cuando se observa la lista de todas las cosas que hacían bien, resulta impactante que Dios no quisiera que la iglesia siguiera en pie. Así de importante es para Él nuestra relación de amor. Lo trágico de este pasaje es que eso fue lo que realmente ocurrió. Los historiadores dicen que la iglesia dejó de existir poco después de que se escribiera Apocalipsis, y que durante los últimos 1900 años, hubo poca o ninguna presencia de la iglesia en ese lugar. Hoy en día, donde antes se encontraba Éfeso, hay una pequeña ciudad llamada Selçuk. Se encuentra en la actual Turquía, donde el 99,8 % de la población es musulmana.

Las obras sin amor terminan en entumecimiento, agotamiento y, en última instancia, destrucción. En 1 Corintios 3, vemos que, al final, todas nuestras obras serán probadas por el fuego (vv. 12-13). No importa lo impresionante que parezca: si el amor no es el fundamento, nuestra obra es en vano.

La única motivación correcta

Porque el amor de Cristo nos constriñe, pensando esto: que si uno murió por todos, luego todos murieron; y por todos murió, para que los que viven, ya no vivan para sí, sino para aquel que murió y resucitó por ellos. (2 Cor. 5:14-15)

Pablo, al hablar de su ministerio, explica la única motivación correcta para el ministerio. La primera frase se traduce en la Nueva Biblia Inglesa como : «El amor de Cristo no nos deja otra opción» (trad. libre). Es esta idea de estar tan consumidos por el amor de Cristo que no podemos evitar que se desborde de nosotros. Es similar a que Dios sea «rico en misericordia» (Ef. 2:4) y «amor inagotable» (Ex. 34:6, NTV). La imagen es la de un Dios tan lleno de amor que se desborda. Es tan rico en misericordia que crea seres para recibirla. Cuando recibimos el amor de Dios, es como si nos llenáramos hasta desbordarnos. Como dice el salmista: «Mi copa está rebosando» (Sal. 23:5b). Su amor es más de lo que podemos contener.

Imagina una copa de vino llena del vino más caro. La copa acaba desbordándose y te entra el pánico porque no puedes soportar la idea de que se eche a perder. Quieres que alguien más lo recoja y lo disfrute como tú. Estamos destinados a disfrutar del amor de Dios, pero eso no puede ser el final de la historia. Hasta que Su amor fluya a través de nosotros, estará incompleto. Esto es exactamente lo que explica 1 Juan 4:12: «Nadie ha visto jamás a Dios. Si nos amamos unos a otros, Dios permanece en nosotros, y su amor se ha perfeccionado en nosotros».

Si nos amamos unos a otros, tenemos la prueba de que *Dios permanece en nosotros*. ¿Cómo sabes que Dios realmente mora en ti? Amas a tus hermanos. Él usa la palabra *perfeccionado* de nuevo en los versículos 17-18: «En esto se ha perfeccionado el amor en nosotros, para que tengamos confianza en el día del juicio; pues como él es, así somos nosotros en este mundo. En el amor no hay temor, sino que el perfecto amor echa fuera el temor; porque el temor lleva en sí castigo. De donde el que teme, no ha sido perfeccionado en el amor».

Esto es muy poderoso, ¡no lo pases por alto! Solo cuando Su amor es *perfeccionado*, el temor al juicio es completamente eliminado. Su amor es perfeccionado en nosotros cuando nos amamos unos a otros. Cuando permanecemos en Su amor, esto nos motiva a ser como Él: «como él es, así somos nosotros en este mundo». Es una fórmula simple en la que una cosa da lugar a la siguiente:

Permanecemos en Su amor
↓
Nos amamos los unos a los otros
↓
Su amor se perfecciona en nosotros
↓
Todo temor al juicio desaparece

Aunque hay una parte monástica en nosotros que anhela alejarse de la gente y estar a solas con Dios, también hay una parte misionera que desea impartir este placer a los demás. Somos incapaces de quedarnos de brazos cruzados. La mejor imagen que se me ocurre es cuando nació nuestra quinta hija. Claire tuvo inmediatamente dos padres y cuatro hermanos que la colmaban de amor. Aunque era hermoso, también parecía desequilibrado. Lisa comenzó a pensar en lo loco que era que este pequeño bebé estuviera casi ahogado por la atención, mientras que otros no recibían nada. Esto fue lo que nos llevó a funcionar como hogar de tránsito y a adoptar. Nuestro amor por

Claire era desbordante. Teníamos demasiado amor para compartir.

Una de las cosas más hermosas de amar a los demás con sacrificio o incluso de sufrir para compartir el evangelio es que no tienes que interrumpir tu comunión con Dios para hacerlo. De hecho, algunos de mis mejores momentos de intimidad han llegado en medio del sacrificio o el sufrimiento por el evangelio. Después de todo, Jesús dijo que estaría con nosotros «todos los días, hasta el fin del mundo» (Mat. 28:20b) en el contexto de hacer discípulos. Fue cuando Sadrac, Mesac y Abed-nego fueron arrojados al fuego que una cuarta persona se manifestó ante ellos (ver Dan. 3:23-24). Fue cuando Esteban estaba siendo apedreado hasta la muerte que miró al cielo y vio a Jesús (ver Hech. 7:55). Es un ciclo asombroso del que podemos formar parte: nuestra intimidad con Cristo nos impulsa a ministrar, y al ministrar, experimentamos una intimidad aún mayor con Cristo.

El desbordamiento

¿Recuerdas esa copa que se llenaba de vino? Imagínatela de nuevo. Cuando el amor de Dios nos llena hasta el punto de desbordarnos, lo que se derrama es amor radical por los demás. Déjame mostrarte cómo se ve este desbordamiento en la vida real.

Amor radical por el cuerpo

Un mandamiento nuevo os doy: Que os amēis unos a otros; como yo os he amado, que también os améis unos a otros.
(Juan 13:34)

Después de pasar los últimos capítulos meditando sobre la magnitud y la maravilla del amor de Dios, espero que este llamado te resulte más significativo. Así como es una locura pensar que Jesús dice que *así como* el Padre lo ha amado, Él también nos ha amado, es una locura pensar que *así como* Él nos ha amado, nosotros debemos amarnos los unos a los otros.

He sido amado profundamente por muchos miembros de la iglesia. Me fascina que en cada ciudad que he visitado, he encontrado cristianos deseosos de bendecirme de alguna manera. Solo recientemente se me ocurrió que ellos fueron enviados por Dios. Esta es una de las principales formas en que Dios muestra Su amor. Es a través de la iglesia. Durante años, me he sentido bendecido por los cristianos, pero de alguna manera, lo separaba de Dios. Ahora veo que me aman porque Dios me ama. Él los envió para amarme en Su nombre.

Su intención es que no solo seamos amados por Él, sino también por el cuerpo de Su iglesia. Después de todo, somos miembros de Su cuerpo. Para muchos que no crecieron siendo amados por su familia, la iglesia estaba destinada a compensar eso con creces.

Tenía dieciocho años y no tenía dónde vivir cuando Mike y Vicky me acogieron en su casa. Solo llevaban un par de años casados y tenían una niña pequeña. Apenas me conocían, pero sabían que necesitaba un lugar donde quedarme. Lejos de limitarse a darme una habitación donde dormir, me hicieron sentir como parte de su familia. ¿Quién hace eso? En ese momento de mi camino, no sabía que se suponía que la iglesia fuera una familia. Mirando atrás, veo que Dios estaba derramando Su gracia sobre mí. La mayoría de la gente sabe teológicamente que la iglesia debe amar como una familia, pero nunca lo experimentan. Quizás parte de nuestra duda sobre el amor de Dios proviene de la falta de amor que hemos recibido de Su cuerpo. No deberíamos hacer esto solos. Estamos incompletos. Es cuando estamos juntos que experimentamos más plenamente Su amor.

«En [Él] vosotros también sois juntamente edificados para morada de Dios en el Espíritu» (Ef. 2:22).

Disfruto estar a solas con Dios. He experimentado Su amor mientras daba largos paseos por la playa, en el desierto y a solas en mi cuarto de oración. Es definitivamente contrario a la lógica pensar que experimentaría Su presencia y Su amor cuando estoy rodeado de un grupo de personas, pero eso es lo que Pablo dice aquí. Alude a la construcción del templo en el Antiguo Testamento. Cuando todas las piezas están en su lugar, Dios desciende y habita en el templo. Aquí dice que estamos siendo «juntamente edificados para morada de Dios». Hay una forma misteriosa en que la presencia de Dios mora con nosotros cuando estamos *juntos*.

¿Alguna vez has experimentado esto? ¿Tienes un círculo de creyentes a quienes conoces y amas profundamente? Cuando te reúnes para alabar a Jesús con otros seguidores comprometidos a quienes amas, sucede algo sobrenatural. Como dice 1 Juan 4:12: «su amor se ha perfeccionado en nosotros.». Esto solo ocurre cuando nos amamos unos a otros. No basta con ser amado por un grupo de personas, y no basta con ser el único que ama. Debemos «amarnos unos a otros» (v. 11b). Por eso es una tontería decir: «Amo a Jesús, pero no a la iglesia». No se puede conocer la plenitud del amor de Dios fuera del cuerpo.

Amor radical por los pobres

Hace unos años, hablaba con una mujer que me contó que, durante años, ella y su líder espiritual, Jorge, servían semanalmente en los barrios marginales. Jorge le recordaba con frecuencia que debía hacer algo más que repartir comida. «Ámalos y abrázalos. ¿Cómo podrías dejar pasar la oportunidad de abrazar a Jesús?». Mientras reflexionaba sobre aquellos momentos preciosos en los barrios marginales, me explicó sus sentimientos encontrados cuando su querido amigo fue elegido para ser el próximo papa. Sabía que, una vez que Jorge se convirtiera en el papa Francisco, ya no disfrutaría de caminar a su lado para encontrar a Jesús en los barrios marginales.

> Entonces los justos le responderán diciendo: Señor, ¿cuándo te vimos hambriento, y te sustentamos, o sediento, y te dimos de beber? ¿Y cuándo te vimos forastero, y te recogimos, o desnudo, y te cubrimos? ¿O cuándo te vimos enfermo, o en la cárcel, y vinimos a ti? Y respondiendo el Rey, les dirá: De cierto os digo que en cuanto lo hicisteis a uno de estos mis hermanos más pequeños, a mí lo hicisteis. (Mat. 25:37-40)

Jesús no solo se preocupa por los pobres, sino que se identifica con ellos. Se pone en su lugar. Y cuando los ignoramos, lo ignoramos a Él.

Piénsalo: el Creador del universo eligió nacer en la pobreza, no en la riqueza. Podría haber venido como un rey con palacios y sirvientes, pero en cambio, fue acostado en un pesebre por unos padres que solo podían permitirse el sacrificio más pobre en el templo: dos pajaritos. No tenía «dónde recostar su cabeza» durante Su ministerio (Mat. 8:20b). Y al final, murió desnudo, sin poseer nada, ni siquiera la ropa que llevaba puesta.

Este es nuestro Dios, uno que no solo simpatiza con los pobres a la distancia, sino que entra completamente en su sufrimiento. Y si afirmamos amarlo, ¿cómo no vamos a amar a aquellos con quienes Él se identifica tan estrechamente?

Cuando visité Etiopía por primera vez, caminé por casas construidas con desechos, vi a niños beber agua que los enfermaba y conocí a madres que no podían alimentar a sus bebés. Llorando en mi habitación de hotel, finalmente comprendí Santiago 2:5a: «¿No ha elegido Dios a los pobres de este mundo, para que sean ricos en fe y herederos del reino [...]?».

Me di cuenta de que no se trataba de que nosotros los ayudáramos, sino de que aprendiéramos a ver a Jesús en lugares que nos habían enseñado a ignorar. Los pobres no son un proyecto; son preciosos para Dios. No son una categoría; son Cristo disfrazado.

Cada vez que extiendo la mano para tocar una mano curtida o miro a unos ojos apagados por el sufrimiento, estoy acercándome a Jesús. Cuando doy a alguien que lo necesita, no estoy siendo caritativo, sino que estoy respondiendo a mi Salvador, que dijo: «Tuve hambre, y me disteis de comer» (Mat. 25:35a).

Esto no es opcional para quienes aman a Jesús. Es imposible permanecer verdaderamente en Su amor y permanecer indiferente ante lo que conmueve Su corazón. La pregunta no es: «¿Debo preocuparme por los pobres?», sino: «¿Cómo puedo afirmar que amo a Jesús y no amar a aquellos con quienes Él se identifica tan estrechamente?».

Mi esposa a veces cuenta la historia de cuando volví a casa después de mi primer viaje a África. Estaba tan conmocionado y entristecido por la extrema pobreza que estaba ansioso por hacer algo. Le dije que teníamos que reducir el tamaño de nuestra casa y regalar lo que sobrara. En ese momento, ella no lo entendió. Regalar la mitad de nuestras posesiones y apretujar a nuestra creciente familia en un lugar mucho más pequeño parecía un gran sacrificio. Pero hay que reconocer que ella se sujetó incluso sin entenderlo. Confió en mí lo suficiente como para dar el salto de fe.

Años más tarde, finalmente la llevé conmigo a África. Después de ver a los huérfanos, abrazar a los niños y conocer a las viudas, se volvió hacia mí y me dijo: «¡Ojalá hubiéramos dado más!». La experiencia de ver la necesidad de primera mano transformó su corazón de la misma manera que había transformado el mío. Y lo que comenzó como un sacrificio a regañadientes se convirtió en una de las mayores alegrías de nuestras vidas. Ahora recibimos noticias sobre niños que prosperan, comunidades que tienen agua potable, familias que están intactas... y la alegría que sentimos es indescriptible.

Eso es lo que sucede cuando el amor de Dios se derrama a través de nosotros. Lo que comienza como obediencia se convierte en deleite.

Amor radical por los perdidos

Una de las realidades más aleccionadoras para mí ha sido darme cuenta de cuántas personas en todo el mundo nunca han oído el nombre de Jesús. Miles de millones de personas nunca han oído hablar del Dios que los ama tanto que envió a Su único Hijo a morir por ellos. A medida que he meditado más en el amor de Dios por mí, me he sentido cada vez más preocupado por aquellos que no conocen ese amor.

Recuerdo estar sentado con una pareja en Myanmar que nunca había oído hablar de Jesús. Mientras les hacía preguntas sobre sus vidas, descubrí que a ambos les habían diagnosticado cáncer. Estaban sentados en una tienda improvisada en los barrios marginales, esperando la muerte. Mientras les compartía el evangelio a través de un traductor, parecían receptivos a todo lo que les decía. Oré con ellos y seguí orando por ellos durante mi vuelo de regreso a casa. Unos meses más tarde, volví a contactarme con mi amigo que me había traducido ese día. Me contó que había visitado a esa misma pareja unas semanas más tarde y que le habían preguntado: «¿Por qué tardaste tanto en volver a visitarnos? ¡Queremos bautizarnos!».

Esa historia me emociona y me persigue. ¿Cuántos otros hay por ahí, viviendo con miedo, desesperación y desánimo, sin haber oído nunca que hay un Dios que los ama perfectamente y les ofrece una esperanza eterna? Si realmente creemos en el amor de Dios, ¿cómo no vamos a sentirnos impulsados a compartirlo?

El amor de Cristo no solo nos hace sentir bien, sino que nos controla, nos impulsa y no nos deja otra opción que vivir para Aquel que murió por nosotros. Y vivir para Él significa compartir Su corazón por los perdidos, Su deseo de que nadie perezca, sino que todos lleguen al arrepentimiento.

Un gozo radical

En todo os he enseñado que, trabajando así, se debe ayudar a los necesitados, y recordar las palabras del Señor Jesús, que dijo: Más bienaventurado es dar que recibir. (Hech. 20:35)

Durante meses, mi hijo Zeke me pidió que le comprara una batería. Yo le decía que nuestra casa era demasiado pequeña y que la batería haría demasiado ruido. Entonces llegó su cumpleaños... ¡Lamento tanto no haber grabado su reacción cuando entró en su habitación y vio una batería completa! Gritó, se tiró al suelo y luego saltó a mis brazos. Estaba tan feliz que ni siquiera sabía qué hacer, así que empezó a revolcarse por el suelo de la emoción. ¡Fue muy divertido ver a un ser humano expresar tanta felicidad y luego darme cuenta de que yo la había provocado!

¡Es mejor dar que recibir! La experiencia de dar amor es mejor que la de recibirlo. Recientemente, una mujer se me acercó con una gran sonrisa y no podía dejar de decirme lo feliz que estaba. Esa semana, había orado por primera vez y Dios le había respondido. Cuando la conocí unas semanas antes de este feliz encuentro, estaba triste, llorando, sin saber si Dios existía. Ahora es una seguidora bautizada de Jesús y un miembro querido de nuestra iglesia. Dios tomó a una mujer que creció en un país comunista y le mostró el amor de un Padre celestial. ¡Y yo pude ser parte de eso!

Por esa misma época, recibí una foto de Etiopía. Mis ojos se llenaron de lágrimas inmediatamente. Era una adolescente con una sonrisa radiante y unos ojos absolutamente brillantes. Me di cuenta de que era la misma niña que había conocido once años atrás, cuando era piel y hueso y le quedaban días, tal vez solo horas, de vida. Ahora es una hermosa joven que adora a Jesús. ¡Y yo pude ser parte de eso!

Sinceramente, no puedo imaginar un uso más satisfactorio de mi tiempo o mi dinero. Los mandamientos de Dios no son una carga, ¡realmente conducen a la vida! Quiero dejar claro que, al decir que debemos sentirnos impulsados por el amor, no estoy diciendo que solo debamos obedecer cuando nos apetezca. A veces, amar profundamente a los demás resulta difícil, pero eso no es una excusa para rendirse. A veces, Dios te pedirá que des hasta que te duela.

Pero a medida que Él nos llena con más de Su amor y nos enamoramos más profundamente de Él, nos da fuerzas para seguirlo incluso cuando no entendemos. Como Él es un buen Rey, Sus mandamientos nos llevan a la vida, y se convierte en un ciclo sagrado de recibir riquezas y devolverlas con alegría a Sus pies.

> Y siempre que aquellos seres vivientes dan gloria y honra y acción de gracias al que está sentado en el trono, al que vive por los siglos de los siglos, los veinticuatro ancianos se postran delante del que está sentado en el trono, y adoran al que vive por los siglos de los siglos, y echan sus coronas delante del trono, diciendo:
>
> Señor, digno eres de recibir la gloria y
> la honra y el poder; porque tú creaste
> todas las cosas, y por tu voluntad
> existen y fueron creadas. (Apoc. 4:9-11)

Ese es nuestro destino: estar tan cautivados por Su gloria, tan abrumados por Su amor, que no podamos evitar arrojar todo lo que tenemos a Sus pies. Y lo hermoso es que no tenemos que esperar al cielo para empezar a vivir así. Podemos empezar ahora, hoy, abriendo nuestros corazones a Su amor y dejando que se derrame sobre todos los que nos rodean.

VI.

CAPÍTULO 6

PERSEVERANCIA

Y por haberse multiplicado la maldad, el amor de muchos se enfriará. Mas el que persevere hasta el fin, este será salvo. (Mat. 24:12-13)

Jesús nos dice exactamente lo que sucederá al final: el pecado aumentará y el amor disminuirá. Lo anuncia como una advertencia, pero también para animar a Sus amados a perseverar. En cuarenta años de ministerio pastoral, he visto a cientos de personas alejarse de Él. Estoy seguro de que muchos de ustedes han experimentado la misma angustia al ver a alguien a quien aman o a alguien a quien admiraban perder su primer amor. En este capítulo, mi esperanza es fortalecerlos y animarlos a ser de los que perseveran. Con ese fin, quiero identificar tres fuerzas principales que están trabajando en contra de ustedes y señalarles las herramientas que se nos han dado para mantenernos firmes.

Obstáculos para vivir como alguien amado

Entropía espiritual: nuestro amor se enfría

No nos gusta admitirlo, pero nuestra tendencia natural es hacia la entropía espiritual. Nunca nos dejamos llevar simplemente hacia un amor mayor, una unidad mayor o una santidad mayor. Sin la gracia constante de Dios, nuestro amor por Él se enfría naturalmente.

Esto no solo es cierto espiritualmente, sino que es cierto en todas las relaciones.

Lisa y yo hemos visto a muchas parejas enamorarse. Al principio, no se cansaban el uno del otro. Hacían todo lo posible por despejar sus agendas solo para estar juntos. Podían reír y hablar durante horas sobre las cosas más tontas. Luego se casaban y tenían hijos, y sus trabajos y sus vidas se volvían más ajetreados. Antes de darse cuenta, eran más como compañeros de piso que como amantes. No es que se pelearan necesariamente, pero sin duda no conectaban. Su amor se enfriaba y ni siquiera se daban cuenta.

Esto ocurre de forma muy sutil. No te levantas una mañana y decides: «Hoy voy a dejar de amar a Jesús». En cambio, te vuelves un poco más ocupado. Las oraciones se acortan. La lectura de la Biblia se vuelve esporádica.

La asistencia a la iglesia se convierte en algo opcional. Las conversaciones sobre temas espirituales se vuelven menos frecuentes. Y un día, te das cuenta de que lo que antes era una apasionada historia de amor con Jesús se ha convertido en un recuerdo lejano.

Es significativo que Jesús diga: «El amor de muchos se enfriará» (Mat. 24:12b). Tendemos a obsesionarnos con la inmoralidad en la iglesia, pero eso es solo el resultado de que las personas pierden su primer amor. La respuesta no es unirse a un grupo de rendición de cuentas o evitar los entornos tentadores. Esas cosas pueden ser útiles, pero nuestra seguridad definitiva proviene de permanecer en el amor.

He pasado muchas horas tratando de convencer a parejas al borde del divorcio de que permanezcan juntas. A veces, sus convicciones son suficientes para sobrevivir una semana más, pero al final se rinden. Me cuesta mucho entenderlo, porque nunca he necesitado fuerza de voluntad para permanecer casado. Al contrario, a menudo me he preguntado lo miserable que sería si Lisa muriera o me dejara. No es que no pasemos por momentos difíciles, pero no puedo imaginar la vida sin ella. Después de treinta y dos años, nuestro amor sigue profundizándose. Estamos más enamorados que nunca. Este es el tipo de relación que Dios quiere tener con nosotros.

Para muchas personas, el cristianismo consiste en luchar contra la tentación y aferrarse a las creencias. Nunca han considerado que puede ser una relación tan agradable que no puedan soportar la idea de que termine.

Pedro lo describe así: «a quien amáis sin haberle visto, en quien creyendo, aunque ahora no lo veáis, os alegráis con gozo inefable y glorioso» (1 Ped. 1:8).

Pedro no está exagerando cuando nos dice que podemos experimentar un gozo inefable y glorioso. No está hablando como si fuera algo por lo que debamos esforzarnos; ¡él da por sentado que ya está sucediendo!

Algunos de ustedes crecieron en entornos eclesiásticos que se centraban en la disciplina, el autocontrol y la abnegación (todo lo cual es bíblico), pero eso es todo lo que saben sobre seguir a Cristo. Si bien es posible que su fe en Cristo perdure por pura disciplina, ese no es el deseo de Dios para ustedes. Al igual que en un matrimonio excelente, Él quiere que disfruten tanto de conocerlo que no puedan soportar la idea de que eso termine alguna vez.

Recordemos la escena de Juan 6. Miles de personas se agolpan alrededor de Jesús mientras Él predica una serie de verdades difíciles. Cuando termina, casi todos lo han abandonado. Entonces Jesús mira a Sus doce discípulos y les pregunta: «¿Queréis acaso iros también vosotros?» (v. 67b). Es entonces cuando Pedro da su épica respuesta: «Señor, ¿a quién iremos? Tú tienes palabras de vida eterna. Y nosotros hemos creído y conocemos que tú eres el Cristo, el Hijo del Dios viviente» (vv. 68-69).

¡Espero que tu corazón se haga eco del de Pedro! ¿Cómo podría dejar a Jesús ahora que sé quién es? ¿Cómo podría obtener algo mejor que el Santo de Dios? ¿A quién más podría seguir cuando Él tiene las palabras de vida eterna? Me siento exactamente como Pedro. ¡No puedo imaginarme dejando a Jesús!

Aislamiento espiritual: el peligro de ir por tu cuenta

Me encantan las buenas fogatas, y me gusta ser el que las enciende y las mantiene encendidas. Me obsesiona colocar cada trozo de leña en la posición perfecta para obtener el máximo resplandor. Puedo pasar horas contemplando el fuego. Hay algo en la forma en que los troncos brillan a medida que el fuego se intensifica que me hipnotiza. Al final, todo el mundo se va a dormir y llega el momento de apagar el fuego. Es sencillo. Lo único que tengo que hacer es separar los trozos de madera unos de otros. Es increíble lo rápido que se enfría un trozo de madera ardiente con solo aislarlo.

Dallas Willard escribió una vez: «Las personalidades unidas pueden contener más de Dios y sostener la fuerza de Su mayor presencia mucho mejor que los individuos dispersos».*

Nos encanta estar con Jesús, pero eso no significa que seamos inmunes al desánimo. Debió ser doloroso para los discípulos ver a miles de personas alejarse de Jesús. Seguramente, tuvieron momentos en los que se preguntaban si eran ellos los que estaban equivocados. No hay nada como estar en clara inferioridad numérica para poner a prueba la fuerza de tus convicciones.

Te sientes solo cuando ves a tus amigos alejarse de Jesús y destruir sus vidas mediante el adulterio, el abuso de sustancias, el suicidio y otras cosas. Es frustrante ver a ministros abandonar el ministerio, dejar la fe o caer en el pecado. Es deprimente ver familias devastadas por el divorcio e iglesias diezmadas por un liderazgo impío.

Hay una nueva tendencia inquietante en la que las personas siguen etiquetándose como cristianas mientras abrazan el pecado. En lugar de abandonar la iglesia, afirman formar parte de una iglesia progresista con una

---

* Dallas Willard, *The Spirit of the Disciplines: Understanding How God Changes Lives* (Nueva York: HarperSanFrancisco, 1999), 186.

teología mejor. Al igual que Satanás en el jardín, preguntan constantemente: «¿De veras Dios les dijo [...]?» (Gén. 3:1, NTV). Afirman que los cristianos han estado equivocados durante dos mil años y que ellos, por fin, interpretan correctamente las Escrituras. Históricamente, la iglesia siempre se ha opuesto a la homosexualidad, el divorcio, el aborto o el cambio de género. Ahora, las iglesias dudan a la hora de abordar estas cuestiones por miedo a que se las tache de poco caritativas. La verdad absoluta está siendo sustituida por el relativismo, por lo que cada uno puede ser espiritual como le parezca correcto. Son tiempos difíciles para quienes mantienen puntos de vista ortodoxos.

A veces, nos sentimos completamente solos cuando defendemos la verdad bíblica. Debemos recordar que estamos del lado de millones de creyentes a lo largo de miles de años, y que actualmente hay millones de seguidores en todo el mundo que están profundamente comprometidos y defienden la verdad a pesar de la fuerte persecución.

A todos nos encanta la historia de Elías en el monte Carmelo luchando solo contra 450 profetas de Baal (1 Rey. 18). Dios estuvo con Elías y respondió a su oración enviando fuego del cielo. ¿Cómo se habrá sentido cuando se acostó esa noche? Seguramente habrá revivido esa experiencia una y otra vez en su mente. Es probable que haya dado gracias a Dios cientos de veces. Dios te llamará a veces a estar solo con Él, y esos momentos podrían convertirse en los más memorables de tu vida. Nuestra intimidad con Dios no se desarrolla solo durante la quietud y la meditación. Cuando nuestra fe es puesta a prueba y sobrevivimos al calor de la batalla, lo experimentamos de manera única. Cuando caminamos por el valle de sombra de muerte, ahí es cuando más disfrutamos de la presencia de nuestro buen Pastor (Sal. 23).

Muchos de nosotros nos quedamos perplejos cuando leemos el capítulo siguiente, 1 Reyes 19. Elías, que parecía invencible después de derrotar a los profetas de Baal, ahora está aterrorizado y se esconde en una cueva porque una mujer lo persigue.

> Y allí se metió en una cueva, donde pasó la noche. Y vino a él palabra de Jehová, el cual le dijo: ¿Qué haces aquí, Elías? Él respondió: He sentido un vivo celo por Jehová Dios de los ejércitos; porque los hijos de Israel han dejado tu pacto, han derribado tus altares, y han matado a espada a tus profetas; y sólo yo he quedado, y me buscan para quitarme la vida. (vv. 9-10)

Elías está tan desanimado y asustado que está a punto de rendirse. Esta es la respuesta de Dios:

> Y le dijo Jehová: Ve, vuélvete por tu camino, por el desierto de Damasco; y llegarás, y ungirás a Hazael por rey de Siria. A Jehú hijo de Nimsi ungirás por rey sobre Israel; y a Eliseo hijo de Safat, de Abel-mehola, ungirás para que sea profeta en tu lugar. Y el que escapare de la espada de Hazael, Jehú lo matará; y el que escapare de la espada de Jehú, Eliseo lo matará. Y yo haré que queden en Israel siete mil, cuyas rodillas no se doblaron ante Baal, y cuyas bocas no lo besaron. (vv. 15-18)

El desánimo de Elías proviene de creer que él es «el único que ha quedado». La respuesta de Dios a Elías es: «Ve». Aún no has terminado. Ve y unge a la próxima generación de líderes y profetas. No eres el único que queda... tengo un remanente de siete mil que no se han postrado ante Baal. Si bien hay momentos en los que Dios nos da el valor para estar solos, hay otros en los que nos anima mostrándonos que hay otros con nosotros.

Satanás quiere que te sientas solo, desanimado y débil. Pero la verdad es que Dios nunca te abandonará ni te dejará. Y tú eres «[conciudadano] de los santos, y [miembro] de la familia de Dios, [edificado] sobre el fundamento de los apóstoles y profetas, siendo la principal piedra del ángulo Jesucristo mismo, en quien todo el edificio, bien coordinado, va creciendo para ser un templo santo en el Señor; en quien vosotros también sois juntamente edificados para morada de Dios en el Espíritu» (Ef. 2:19b-22).

Me encanta esta imagen. Cada uno de nosotros somos ladrillos en este templo viviente, unidos a todos los creyentes desde el principio de los tiempos: Abraham, Moisés, Jeremías, Pablo, Juan, los padres de la iglesia primitiva, todas las personas anónimas que han dedicado su vida a la gloria de Dios. Cristo mismo es la piedra angular, y Dios habita en medio de nosotros.

¡Ruego que esto te llene de esperanza y fortaleza! A veces podemos quedar tan atrapados en nuestras propias vidas y circunstancias, que necesitamos que nos recuerden que formamos parte de esta gloriosa historia eterna. Aunque puede haber momentos aislados en los que tengamos que estar solos, el plan de Dios es que permanezcamos juntos.

¿Alguna vez te has unido a otras personas para cruzar un río caudaloso? Yo solo lo he hecho una vez. Algunas de las personas que intentaron cruzar individualmente habrían sido arrastradas por la corriente, pero nuestro peso y equilibrio colectivos nos permitieron mantenernos firmes y cruzar con seguridad. Es una gran imagen de la intención de Dios para la iglesia. En Filipenses 1:27-29, Pablo habla de cómo debemos luchar «unánimes por la fe del evangelio». Así es como permanecemos «en nada intimidados». Como dice Pablo, su plan es que «[padezcamos] por él», pero podemos mantenernos firmes si permanecemos unidos.

Tengo la bendición de formar parte de una maravillosa iglesia local. No somos una gran cantidad, pero nos amamos profundamente. No somos perfectos, pero estamos juntos. Rara vez, por no decir nunca, me siento solo. Da gracias a Dios si disfrutas de una comunidad como esta. Si no formas parte de una iglesia así, puedes hacerlo. Por lo general, no es algo en lo que te integras sin esfuerzo, sino una comunidad que ayudas a construir. Es fácil quedarse al margen y señalar a otras personas por no hacer su parte, pero un espíritu ocioso y crítico nunca te llevará a la unidad amorosa que anhelas. Ora por ello. Con fe, espera respuestas y persevera en el amor: «Amaos los unos a los otros con amor fraternal; en cuanto a honra, prefiriéndoos los unos a los otros» (Rom. 12:10).

La oposición: el enemigo que nunca descansa

Si un hombre luchara contra un león y el león ganara, ¿te sorprendería? Realmente no debería sorprendernos ver a tanta gente perdiendo actualmente contra el enemigo.

> Humillaos, pues, bajo la poderosa mano de Dios, para que él os exalte cuando fuere tiempo; echando toda vuestra ansiedad sobre él, porque él tiene cuidado de vosotros. Sed sobrios, y velad; porque vuestro adversario el diablo, como león rugiente, anda alrededor buscando a quien devorar. (1 Ped. 5:6-8)

Pedro advierte que el diablo siempre está buscando oportunidades para destruirte. Al mismo tiempo, también dice que no tienes por qué estar ansioso en absoluto. ¿Por qué? Puedes descansar «bajo la poderosa mano de Dios [...], porque él tiene cuidado de vosotros». Si queremos sobrevivir, debemos ser conscientes de ambas realidades.

Imagina un león que busca devorarte, pero la poderosa mano de Dios te protege porque Él se preocupa por ti. ¿Con qué frecuencia piensas en estas verdades? Ambas realidades están sucediendo en este momento. Tienes un enemigo que trama destruir tu vida. Quiere apartar tus ojos del Dios que se preocupa por ti. Quiere que dudes del poder que tienes a tu disposición.

Pablo ora para que los ojos de tu corazón sean iluminados para conocer «la supereminente grandeza de su poder para con nosotros los que creemos, según la operación del poder de su fuerza, la cual operó en Cristo, resucitándole de los muertos y sentándole a su diestra en los lugares celestiales, sobre todo principado y autoridad y poder y señorío, y sobre todo nombre que se nombra, no solo en este siglo, sino también en el venidero» (Ef. 1:19-21).

Podemos permanecer firmes en la misma fuerza que resucitó a Cristo de entre los muertos y lo sentó en lo alto. Dios lucha por nosotros, pero también nos llama a aferrarnos a esta fuerza y luchar junto a Él. Muchos de nosotros no estamos luchando porque no tomamos Sus palabras al pie de la letra. Tratamos esta batalla de manera figurativa, como si fuera una bonita analogía. La guerra es espiritual, ¡pero eso no significa que no sea literal! En este momento, estás siendo literalmente atacado. Pablo instruye a la iglesia de Éfeso:

> Por lo demás, hermanos míos, fortaleceos en el Señor, y en el poder de su fuerza. Vestíos de toda la armadura de Dios, para que podáis estar firmes contra las asechanzas del diablo. Porque no tenemos lucha contra sangre y carne, sino contra principados, contra potestades, contra los gobernadores de las tinieblas de este siglo, contra huestes espirituales de maldad en las regiones celestes. Por tanto, tomad toda la armadura de Dios, para que podáis resistir en el día malo, y habiendo acabado todo, estar firmes. Estad, pues, firmes, ceñidos vuestros lomos con la verdad, y vestidos con la coraza de justicia, y calzados los pies con el apresto del evangelio de la paz. Sobre todo, tomad el escudo de la fe, con que podáis apagar todos los dardos de fuego del maligno. Y tomad el yelmo de la salvación, y la espada del Espíritu, que es la palabra de Dios; orando en todo

> tiempo con toda oración y súplica en el Espíritu, y velando en ello con toda perseverancia y súplica por todos los santos; y por mí, a fin de que al abrir mi boca me sea dada palabra para dar a conocer con denuedo el misterio del evangelio, por el cual soy embajador en cadenas; que con denuedo hable de él, como debo hablar. (Ef. 6:10-20)

Morirás si no te tomas en serio esto de permanecer «en el poder de su fuerza». Estás destinado a unirte a la larga lista de los que han caído, a menos que reconozcas el peligro. Solo ha habido una vez en mi vida en la que tuve que ponerme un chaleco antibalas (no preguntes). Es nuestro instinto natural protegernos cuando hay peligro físico, entonces, ¿por qué no nos protegemos del peligro espiritual? Tenemos que tomarnos esta guerra espiritual más en serio de lo que lo hacemos actualmente.

Sé sincero: ¿con qué frecuencia piensas en que estás en una guerra? ¿Cuándo fue la última vez que luchaste? ¿Cuándo fue la última vez que revisaste esta lista para ver si estás debidamente armado? Podría escribir un libro entero sobre este pasaje, pero vamos a destacar algunas cosas de la lista.

¿Te has «ceñido el cinturón de la verdad»? Todos los días, durante todo el día, los demonios te mienten. Te susurran mentiras directamente al oído, pero también lo hacen a través de videos, canciones, pódcasts, amigos y líderes religiosos. Debemos capturar esos pensamientos, destruirlos y sustituirlos por la verdad. Satura tu mente con la verdad. El año pasado, leí la Biblia de principio a fin doce veces. Quería que mi mente estuviera tan llena de verdad que no hubiera espacio para las mentiras. Pensé que si seguía escuchando la voz del Pastor, no oiría la del enemigo.

¿Has tomado «el escudo de la fe»? Si el enemigo no puede hacernos creer mentiras, nos hará dudar de la verdad. «¿De veras Dios [te] dijo» que te ama? (Gén. 3:1, NTV). El conocimiento intelectual de la verdad es necesario, pero no suficiente. Debemos tener fe en esas verdades. La fe es lo que puede extinguir todos los dardos encendidos del maligno. Por eso meditamos en los pasajes enumerados en el capítulo 2. Aumentamos nuestra fe en el amor de Dios por nosotros al adorarlo por Su amor.

¿Estás «suplicando por todos los santos»? Recuerda, se trata de que ganemos una guerra, no solo de que tú sobrevivas a ella. La forma en que oramos por los demás debe tener algún efecto único en esta guerra; de lo contrario, Dios simplemente haría que cada santo orara por sí mismo.

Incluso mientras escribo esto, siento una profunda convicción. Si Dios escribiera todas las oraciones que le he hecho durante el último año en nombre de otros santos, me sentiría avergonzado. La mayoría de nosotros hemos pasado más tiempo juzgando, criticando y hablando de nuestros compañeros soldados que orando por ellos. Esa no es forma de librar una guerra.

Mi conjetura es que, al pensar solo en estos tres conceptos, ves que no has estado luchando en la guerra con mucha intensidad. Amado, vuelve a repasar toda la lista de Efesios 6. Ármate con todas las armas increíbles que tu amoroso Padre te ha proporcionado.

El cielo

Lo último que quiero dejarles es una visión del cielo. En última instancia, esta es la razón por la que no nos rendiremos, por muy brutal que sea esta batalla. El final está cerca. Pronto nuestros pulmones de carne darán su último aliento y nos encontraremos ante ÉL.

Imagina ese momento. Medita en él. Por eso perseveramos.

> No se turbe vuestro corazón; creéis en Dios, creed también en mí. En la casa de mi Padre muchas moradas hay; si así no fuera, yo os lo hubiera dicho; voy, pues, a preparar lugar para vosotros. Y si me fuere y os preparare lugar, vendré otra vez, y os tomaré a mí mismo, para que donde yo estoy, vosotros también estéis. (Juan 14:1-3)

Juan fue el único discípulo que registró estas palabras. Quizás esa sea la razón por la que él es el único que pudo visitar el cielo y vislumbrar nuestro futuro.

> Después de esto miré, y he aquí una puerta abierta en el cielo; y la primera voz que oí, como de trompeta, hablando conmigo, dijo: Sube acá, y yo te mostraré las cosas que sucederán después de estas. Y al instante yo estaba en el Espíritu; y he aquí, un trono establecido en el cielo, y en el trono, uno sentado. (Apoc. 4:1-2)

Aunque es probable que tú y yo no viajemos al cielo como lo hizo Juan, eso no significa que no podamos experimentar algo similar.

> Antes bien, como está escrito:
>
> Cosas que ojo no vio, ni oído oyó, ni han subido en corazón de hombre, son las que Dios ha preparado para los que le aman. Pero Dios nos las reveló a nosotros por el Espíritu; porque el Espíritu todo lo escudriña, aun lo profundo de Dios. (1 Cor. 2:9-10)

Esto habla de una experiencia misteriosa y milagrosa que está a tu alcance. De hecho, Pablo espera esto para todos los creyentes. Podemos experimentar algo sin verlo, oírlo ni imaginarlo. No lo analices en exceso; solo créelo. Solo espéralo y disfrútalo. Pídele al Espíritu Santo que te revele lo que «Dios ha preparado para los que le aman». Ten fe en que Dios es más que capaz de revelarte cosas sin usar tus ojos y oídos. Espera que tu Padre amoroso ministre a tu alma de tal manera que te encuentres anhelando un lugar en el que nunca has estado para estar con tu Amado, a quien nunca has visto.

Lisa y yo visitábamos regularmente a su abuela Clara durante su último año en la tierra. Tenía noventa y un años y había vivido una vida llena de sufrimiento, pero sus pruebas solo la acercaron más a Jesús. Siempre será una de las personas más dulces que conocí. En retrospectiva, desearía que hubiéramos pasado más tiempo con ella cuando tuvimos la oportunidad. Durante una de nuestras últimas visitas, nos contó que cada noche se acostaba llena de emoción. Oraba y preguntaba: «Señor, ¿es esta noche la noche en la que te veré? ¡No veo la hora de encontrarme contigo!». No había absolutamente ningún miedo ni duda en ella. Solo había confianza y expectativa en sus ojos. Incluso mientras escribo esto y recuerdo su rostro, le digo a Dios que quiero que mi vida termine de la misma manera. Ese nivel de paz sobrenatural provenía de años de dulce comunión con Jesús. Ella había peleado la buena batalla. Había mantenido la fe. Su amor perduró hasta el final.

Eso es lo que deseo para todos ustedes. No solo que sobrevivan a esta vida aferrándose con uñas y dientes, sino que la terminen con alegría, ilusión, emoción por la eternidad y una confianza inquebrantable en el amor de Dios.

A lo largo de este libro, hemos estado explorando lo que significa ser amados por Dios. Hemos visto que no se trata solo de un bonito título, sino de nuestra identidad más profunda, adquirida al precio más alto. Hemos descubierto las mentiras que nos impiden vivir en esta verdad y las prácticas que nos ayudan a permanecer en Su amor. Ahora, al llegar al final, quiero recordarte la verdad más simple y profunda: Dios te ama. No por lo que haces. No porque te lo hayas ganado. Sino porque Él decidió poner Su afecto en ti antes de la fundación del mundo.

Este amor no es fugaz ni condicional. No se basa en tu rendimiento ni depende de tu perfección. Es tan eterno e inmutable como Dios mismo. Cuando tu amor se enfría, el suyo permanece constante. Cuando te sientes solo, Él sigue contigo. Cuando el enemigo ataca, Dios lucha por ti.

Mi oración por ti, amado, no es que tu vida sea fácil, sino que esté anclada. Anclada en el amor del Padre que dio a Su Hijo por ti. Anclada en la gracia de Jesús que murió y resucitó por ti. Anclada en el poder del Espíritu que vive y obra en ti.

Sé amado, mi querido. No solo hoy, sino para siempre.

No se me ocurre mejor manera de terminar este libro que imprimir los dos últimos capítulos de la Biblia. Tómate tu tiempo y medita en cada frase de este pasaje. Pídele al Espíritu que revele misteriosamente las maravillas de este pasaje a tu alma. Ven, Espíritu Santo. Muéstrale a tu amado lo que has preparado para nosotros.

APOCALIPSIS

Capítulo 21

Vi un cielo nuevo y una tierra
nueva; porque el primer cielo y la
primera tierra pasaron, y el mar
ya no existía más. 2 Y yo Juan vi la
santa ciudad, la nueva Jerusalén,
descender del cielo, de Dios,
dispuesta como una esposa
ataviada para su marido. 3 Y oí
una gran voz del cielo que decía:
He aquí el tabernáculo de Dios con
los hombres, y él morará con ellos;
y ellos serán su pueblo, y Dios
mismo estará con ellos como su
Dios. 4 Enjugará Dios toda lágrima
de los ojos de ellos; y ya no habrá
muerte, ni habrá más llanto, ni
clamor, ni dolor; porque las
primeras cosas pasaron.

5 Y el que estaba sentado en el
trono dijo: He aquí, yo hago
nuevas todas las cosas. Y me dijo:
Escribe; porque estas palabras son
fieles y verdaderas. 6 Y me dijo:
Hecho está. Yo soy el Alfa y la
Omega, el principio y el fin. Al que
tuviere sed, yo le daré
gratuitamente de la fuente del
agua de la vida. 7 El que venciere
heredará todas las cosas, y yo seré
su Dios, y él será mi hijo. 8 Pero los
cobardes e incrédulos, los abomin-
ables y homicidas, los fornicarios
y hechiceros, los idólatras y todos
los mentirosos tendrán su parte en
el lago que arde con fuego y azufre,
que es la muerte segunda.

La nueva Jerusalén

9 Vino entonces a mí uno de los siete
ángeles que tenían las siete copas
llenas de las siete plagas postreras,
y habló conmigo, diciendo: Ven
acá, yo te mostraré la desposada,
la esposa del Cordero. 10 Y me
llevó en el Espíritu a un monte
grande y alto, y me mostró la
gran ciudad santa de Jerusalén,
que descendía del cielo, de Dios,
11 teniendo la gloria de Dios. Y su
fulgor era semejante al de una
piedra preciosísima, como piedra
de jaspe, diáfana como el cristal. 12
Tenía un muro grande y alto con
doce puertas; y en las puertas,

doce ángeles, y nombres inscritos, que son los de las doce tribus de los hijos de Israel; [13] al oriente tres puertas; al norte tres puertas; al sur tres puertas; al occidente tres puertas. [14] Y el muro de la ciudad tenía doce cimientos, y sobre ellos los doce nombres de los doce apóstoles del Cordero.

[15] El que hablaba conmigo tenía una caña de medir, de oro, para medir la ciudad, sus puertas y su muro. [16] La ciudad se halla establecida en cuadro, y su longitud es igual a su anchura; y él midió la ciudad con la caña, doce mil estadios; la longitud, la altura y la anchura de ella son iguales. [17] Y midió su muro, ciento cuarenta y cuatro codos, de medida de hombre, la cual es de ángel. [18] El material de su muro era de jaspe; pero la ciudad era de oro puro, semejante al vidrio limpio; [19] y los cimientos del muro de la ciudad estaban adornados con toda piedra preciosa. El primer cimiento era jaspe; el segundo, zafiro; el tercero, ágata; el cuarto, esmeralda; [20] el quinto, ónice; el sexto, cornalina; el séptimo, crisólito; el octavo, berilo; el noveno, topacio; el décimo, crisopraso; el undécimo, jacinto; el duodécimo, amatista. [21] Las doce puertas eran doce perlas; cada una de las puertas era una perla. Y la calle de la ciudad era de oro puro, transparente como vidrio.

[22] Y no vi en ella templo; porque el Señor Dios Todopoderoso es el templo de ella, y el Cordero. [23] La ciudad no tiene necesidad de sol ni de luna que brillen en ella; porque la gloria de Dios la ilumina, y el Cordero es su lumbrera. [24] Y las naciones que hubieren sido salvas andarán a la luz de ella; y los reyes de la tierra traerán su gloria y honor a ella. [25] Sus puertas nunca serán cerradas de día, pues allí no habrá noche. [26] Y llevarán la gloria y la honra de las naciones a ella. [27] No entrará en ella ninguna cosa inmunda, o que hace abominación y mentira, sino solamente los que están inscritos en el libro de la vida del Cordero.

APOCALIPSIS

Capítulo 22

1 Después me mostró un río limpio
de agua de vida, resplandeciente
como cristal, que salía del trono de
Dios y del Cordero. 2 En medio de
la calle de la ciudad, y a uno y otro
lado del río, estaba el árbol de la
vida, que produce doce frutos,
dando cada mes su fruto; y las
hojas del árbol eran para la
sanidad de las naciones. 3 Y no
habrá más maldición; y el trono de
Dios y del Cordero estará en ella, y
sus siervos le servirán, 4 y verán su
rostro, y su nombre estará en sus
frentes. 5 No habrá allí más noche;
y no tienen necesidad de luz de
lámpara, ni de luz del sol, porque
Dios el Señor los iluminará; y
reinarán por los siglos de los siglos.

La venida de Cristo está cerca

6 Y me dijo: Estas palabras son
fieles y verdaderas. Y el Señor, el
Dios de los espíritus de los profetas,
ha enviado su ángel, para mostrar
a sus siervos las cosas que deben
suceder pronto. 7 ¡He aquí, vengo
pronto! Bienaventurado el que
guarda las palabras de la profecía
de este libro. 8 Yo Juan soy el que
oyó y vio estas cosas. Y después
que las hube oído y visto, me postré
para adorar a los pies del ángel
que me mostraba estas cosas. 9
Pero él me dijo: Mira, no lo hagas;
porque yo soy consiervo tuyo, de
tus hermanos los profetas, y de los
que guardan las palabras de este
libro. Adora a Dios. 10 Y me dijo: No
selles las palabras de la profecía
de este libro, porque el tiempo
está cerca. 11 El que es injusto,
sea injusto todavía; y el que es
inmundo, sea inmundo todavía;
y el que es justo, practique la
justicia todavía; y el que es santo,
santifíquese todavía. 12 He aquí
yo vengo pronto, y mi galardón
conmigo, para recompensar a
cada uno según sea su obra. 13 Yo
soy el Alfa y la Omega, el principio
y el fin, el primero y el último. 14
Bienaventurados los que lavan
sus ropas, para tener derecho al
árbol de la vida, y para entrar

por las puertas en la ciudad. [15] Mas los perros estarán fuera, y los hechiceros, los fornicarios, los homicidas, los idólatras, y todo aquel que ama y hace mentira.[16] Yo Jesús he enviado mi ángel para daros testimonio de estas cosas en las iglesias. Yo soy la raíz y el linaje de David, la estrella resplandeciente de la mañana.[17] Y el Espíritu y la Esposa dicen: Ven. Y el que oye, diga: Ven. Y el que tiene sed, venga; y el que quiera, tome del agua de la vida gratuitamente.[18] Yo testifico a todo aquel que oye las palabras de la profecía de este libro: Si alguno añadiere a estas cosas, Dios traerá sobre él las plagas que están escritas en este libro. [19] Y si alguno quitare de las palabras del libro de esta profecía, Dios quitará su parte del libro de la vida, y de la santa ciudad y de las cosas que están escritas en este libro.[20] El que da testimonio de estas cosas dice: Ciertamente vengo en breve. Amén; sí, ven, Señor Jesús. [21] La gracia de nuestro Señor Jesucristo sea con todos vosotros. Amén.

Contenido complementario disponible en http://Crazylove.org/beloved